Geiriau'r Gair

D HUGH MATTHEWS

CYHOEDDIADAU'R
GAIR

Cyflwynedig i

Daniel Jac

gan weddïo y daw to arall
fydd yn ymddiddori yn y Gair
a'r Geiriau

ⓑ Cyhoeddiadau'r Gair 2005

Testun gwreiddiol: D Hugh Matthews
Golygydd Cyffredinol: Aled Davies

ISBN 1 85994 500 7

**Cyhoeddwyd gan
Cyhoeddiadau'r Gair, Cyngor Ysgolion Sul Cymru,
Ysgol Addysg, PCB, Safle'r Normal,
Bangor, Gwynedd, LL57 2PX.**

Rhagair

Yn Nhachwedd 1959, pan oeddwn yn fyfyriwr ym Mangor, daeth
William Barclay yno i roi cyfres o ddarlithiau ar Ffrwyth yr Ysbryd
(Galatiaid 5:22-23). Yn ei ffordd ddihafal ei hunan, trafod y geiriau Groeg
amdanynt a wnaeth gan dynnu allan ohonynt pob arlliw o ystyr posibl a
fyddai'n taflu goleuni ar yr hyn oedd ym meddwl yr Apostol Paul.
Ymddangosodd y darlithiau, ynghyd ag adran newydd yn ymwneud â
Gweithredoedd y Cnawd, mewn llyfr o'i eiddo, *Flesh and Spirit,*
S.C.M. (1961).

Yn eu ffyrdd gwahanol hwy eu hunain, roedd fy athrawon yng Ngholeg
y Bedyddwyr – John Williams Hughes, Tom Ellis Jones a G.R.M.Lloyd –
yn ceisio gwneud yr un peth, gan f'annog innau hefyd i fentro *ceisio*
gwneud rhywbeth tebyg. Yr hyn yr ymddiddorais i ynddo'n arbennig
yw'r ffordd y ceisiwyd trosi'r geiriau gwahanol yn y cyfieithiadau
Cymraeg.

Pan ofynnodd y Parchg Enid Morgan, golygydd cyntaf *Cristion,* am
gyfres o erthyglau byr ar gyfer 1985, mentrais ysgrifennu am rai o'r
geiriau Groeg yr enynnwyd fy niddordeb ynddynt. Gofynnodd y
Parchedigion W. Eifion Powell ac Elfed ap Nefoedd Roberts am
gyfraniadau tebyg pan ddaethant hwy, yn eu tro, yn olygyddion *Cristion.*
Felly, ymddangosodd gynnwys y llyfr hwn yn y cylchgrawn *Cristion*
dros gyfnod o ryw ddeng mlynedd. Ar gais nifer o gyfeillion am eu cael
mewn cyfrol hylaw, ac wedi cael caniatâd y Parchg Olaf Davies,
golygydd presennol *Cristion,* aethpwyd ati i adolygu'r ysgrifau.
Cywirwyd y gwallau yn y cyfeiriadau ysgrythurol a lithrodd i fewn, a
cheisiwyd cysoni *rhywfaint* ar y ffordd y cyflwynwyd yr wybodaeth,
heb newid yr ysgrifau yn ormodol. Cadwyd orgraff wreiddiol y
dyfyniadau a ddefnyddiwyd.

Diolchaf i'r Parchg Aled Davies am dderbyn y gyfrol yn un o'r gyfres y
mae yntau'n Olygydd Cyffredinol iddi, ac am ei llywio drwy'r Wasg. Ni
allaf llai na diolch, chwaith, i'm priod, Verina, am ei chefnogaeth a'i
chymorth hi ym mhob peth a wnaf.

Dichon y bydd o fudd i nodi'r cyfieithiadau Cymraeg a ddefnyddiwyd wrth lunio'r ysgrifau:

1. William Salesbury, *Testament Newydd ein Arglwydd Jesv Christ...* London (1567), gan gofio mai'r Esgob Richard Davies a gyfieithodd rai o'r epistolau ac mai Thomas Huet gyfieithodd y Llyfr Datguddiad.

2. William Morgan, *Y Beibl Cyssegr-lan, sef yr Hen Destament, a'r Newydd...* London (1588). Yn 1620, adolygodd yr Esgob Richard Parry a Dr John Davies, Mallwyd, gyfieithiad William Morgan yng ngoleuni'r Cyfieithiad Awdurdodedig Saesneg (1611), a chyhoeddwyd eu fersiwn hwy yn Llundain o dan y teitl *Y Bibl Cyssegr-lan.* "Beibl yr Esgob Parry" yw Beibl Cymraeg a ddefnyddiwyd yn gyffredinol yng Nghymru tan 1988, er i Gymdeithas y Beibl gyhoeddi fersiwn gyda'r orgraff wedi ei ddiwygio gan yr Athro Henry Lewis yn 1936.

3. *Y Cyfammod Newydd, yn cynnwys Cyfieithiad Cyffredinol Y Pedair Efengyl, gwedi ei ddiwygiaw Yn ol y Groeg Gan John Jones, L.L.D. et J.C.* ... Llundain (1818).

4. John Williams, *Yr Oraclau Bywiol neu Ysgrifeniadau Cysegrlan Apostolion ac Efengylwyr Iesu Grist a elwir yn gyffredin y Testament Newydd...* Caernarfon (1842).

5. John Ogwen Jones, *Y Testament Newydd Diwygiedig neu y Cyfnewidiadau a gynnwysir yn yr Adolygiad o'r Testament Newydd Saesneg, yr hwn a gyhoeddwyd yn 1881...* Dinbych (1882).

6. Thomas Briscoe, *Y Testament Newydd Newly Translated from the readings adopted by the revisers of the Authorised Version* ... Bangor (1894)

7. William Edwards, *Cyfieithiad Newydd o'r Testament Newydd* [mewn pedair cyfrol]; Cyfrol I, Pont-y-pwl (1894); Cyf. II, Caerdydd (1898); Cyf. III, Caerdydd (1914); Cyf. IV, Caerdydd (1915).

8. *Cyfieithiad Prifysgol Cymru...* gwaith a gyhoeddwyd o dan nawdd Adran Ddiwinyddol Urdd Graddedigion Prifysgol Cymru rhwng 1921 a 1945.

9. Islwyn Ffowc Elis, *Efengyl Mathew, Trosiad i Gymraeg Diweddar*, Caernarfon (1961).

10. *Y Ffordd Newydd*, Y Gymdeithas Feiblaidd Frytanaidd a Thramor (1971).

11. *Y Beibl Cymraeg Newydd.* Cyhoeddwyd cyfieithiad o'r Testament Newydd yn 1975. Cywirwyd a diwygiwyd rhywfaint o hwnnw pan gyhoeddwyd cyfieithiad o'r Beibl cyflawn yn 1988. Fe'i diwygiwyd ymhellach a chyhoeddwyd fersiwn cynhwysol o'r Beibl yn 2004. Daeth hwnnw'n rhy hwyr am ystyriaeth yn y gyfrol hon.

D. Hugh Matthews,
Caerdydd, 2004

Cynnwys

ACHUB Y CYFLE - KAIROS

"*Athro* da yw amser," meddai'r ddihareb Gymraeg, tra bod amser yn *feddyg* yn ôl doethineb y Saeson. Canodd Waldo "Boed amser inni'n *frawd*"; eithr pan oedd ond 23 oed roedd John Milton yn galw amser "the subtle *thief* of youth". Ymhlith enwau awgrymiadol eraill a roddwyd i amser gan feirdd Cymraeg a Saesneg ceir *dialydd, cymrodeddwr, newidiwr, marchog* a *sipsi* - pob un yn cynnig darlun o ryw agwedd ar amser. Ond prin fod darlun mwy byw o amser na'r un a gynigir gan y gair Groeg KAIROS, sy'n ymddangos 83 gwaith yn y Testament Newydd - ddwywaith cymaint â'r gair CHRONOS a adawodd ei ôl ar y Gymraeg mewn geiriau fel "*cron*olegol", ac ati. "Amser" yw prif ystyr y ddau air.

Fel arfer yr oedd y Groegiaid yn defnyddio CHRONOS pan yn cyfeirio at gyfnod penodol o amser - gair ydyw sy'n awgrymu mesuriad amser. Gall fod yn amser byr (Mathew 2:7) neu'n amser hir (Mathew 25:19; Luc 8:27; 20:9), ond eithriad yw ei ddefnyddio am "amrantiad" (Luc 4:5 - B.C.N.), sef, yn llythrennol, "pigiad pin mewn amser" ("eiliad o amser" yn ôl cyfieithiad William Edwards). Pan ymddengys y gair CHRONOS, felly, y mae'n awgrym fod cyfnod o amser *wedi* mynd heibio (Luc 1:57; Actau 7:17; 17:30; Gal. 4:4) neu *i* fynd heibio (Actau 3:21; Dat. 10:6). Ond pwyslais cwbl wahanol sydd i KAIROS gan nad yw'n mesur hyd amser ond yn cyfeirio mwy at ei addasrwydd, a'r cyfle a gynnig.

Yn ei *Esboniad ar yr Epistolau at yr Effesiaid a'r Philipiaid* y mae J. Williams Hughes yn dweud am KAIROS:

> Portreadai'r Groegiaid ef fel llanc hoyw, buandroed; dwy adain ar ei gefn, a dwy ar ei sodlau; cudyn o wallt ar gorun ei ben, ond dim ar ei wegil; yn teithio gyda chyflymdra anhygoel! Os am ei ddal rhaid cydio yng nghudyn ei wallt fel y bydd yn nesu atom - nid oes modd ei ddal wedi iddo fynd heibio! (Dyma gefndir y frawddeg, "*To catch time by the forelock.*") Ymgorfforiad o gyfle a chyfleustra ydyw.

Felly, er mai geiriau fel "amser", "pryd(iau)", ac ati, a arferir fel arfer i drosi KAIROS i'r Gymraeg, ar yr amgylchiadau a'r cyfle sy'n perthyn i'r amser hwnnw y mae'r pwyslais mwyaf.

Mewn anerchiad a draddododd o Gadair Undeb Eglwysi Efengylaidd Cymru yn 1949 trafododd J. Williams Hughes y gwahaniaeth rhwng y ddau air Groeg am amser ac awgrymu mai amser fel peth marw yw cylch diddordeb CHRONOS: "peth y gellir ei fesur wrth y cloc - mater o eiliadau a munudau ac oriau, &c; ac un darn ohono yn gyfwerth â darn cyfartal arall". Ond amser fel peth byw yw diddordeb KAIROS. "Ni ellir mesur hwn wrth y cloc: mae munud o hwn weithiau'n gyfwerth ag awr neu fwy na'r llall!"

Dichon fod adnodau lle digwydd y geiriau ochr yn ochr â'i gilydd yn gymorth inni synhwyro rhywfaint o'r gwahaniaeth rhyngddynt. Yn Actau 1:7 darllenwn: "Nid chwi sydd i wybod amserau (CHRONOUS) neu brydiau (KAIROUS); y mae'r Tad wedi gosod y rhain o fewn ei awdurdod ef ei hun" (B.C.N.). Ateb yw'r adnod i'r cwestiwn, "Arglwydd, ai dyma'r adeg yr wyt am adfer y deyrnas i Israel?" ac ergyd geiriau'r Iesu yw nad yw'n fusnes i'r disgyblion wybod nac am *amseriad* na *sgôp* cynlluniau Duw.

Daw'r ddau air at ei gilydd eto mewn adnod debyg yn 1 Thesaloniaid 5:1: "Ynglŷn â'r amseroedd (CHRONON) a'r prydiau (KAIRON), frodyr, nid oes arnoch angen i neb ysgrifennu atoch" (B.C.N.). Sôn a wna Paul yma am yr Ailddyfodiad, ac er iddo arwyddo ei fod ef yn credu ei fod wrth law, nid yw'n teimlo fod angen iddo fanylu ynghylch faint o amser a â heibio cyn y digwyddiad, na chwaith ar amgylchiadau a nodweddion y cyfnod y digwydd ynddo.

Mae'r gwahaniaeth rhwng CHRONOS a KAIROS yn bwysig pan ddown at ddechrau blwyddyn newydd. O safbwynt CHRONOS y mae pob blwyddyn yr un fath â'r un flaenorol, ac â'r rhai a ddaw ar ei hôl. Ond o safbwynt KAIROS y mae *pob* blwyddyn yn wahanol am fod pob blwyddyn yn esgor ar gyfleoedd gwahanol. Ar ddechrau pob blwyddyn, felly, fe ddylem wrando ar anogaeth Paul i "brynu'r amser (KAIRON)" (Effes. 5:16 a Colos.4:5). "Daliwch ar eich cyfle" yw cyfieithiad y *B.C.N.,* tra bod aralleiriad J. Williams Hughes o'r Effesiaid yn cynnig: "...gosodwch eich holl ddoethineb ar waith *i gymryd mantais o bob cyfleustra a gwneud llawn defnydd ohono*".

Wrth drafod yr adnod yn Colosiaid sylwodd Ronald A. Ward fod y gair a gyfieithir "prynu" yn air cryf sy'n golygu "bras-brynu", "prynu'r cyfan". Ar sail hyn, ei gyfieithiad ef o'r ymadrodd yw "...*cornering the market in opportunity*" – "Bachwch pob cyfle!" Gelwir ar y Cristion, felly, i sicrhau ei fod yn effro i unrhyw a phob cyfle a ddaw i'w ran i ddweud a gwneud rhywbeth dros Grist a'i Eglwys. Rhaid bod yn effro i fod yn barod; a rhaid bod yn barod neu fe fydd KAIROS wedi llithro o'n gafael. Ar ddechrau pob blwyddyn ni allwn wneud yn well nag addunedu y gwnawn ein gorau i beidio â gwastraffu'r cyfleoedd sy'n siwr o ddod i'n rhan yn ystod y flwyddyn i weithio o blaid ein Harglwydd a'i Deyrnas.

ADDFWYNDER - PRAUS

"Dedwydd y rhai llariaidd", meddai'r *Oraclau Bywiol* wrth drosi Mathew 5:5; tra bod y cyfieithiadau Cymraeg mwyaf cyfarwydd yn cytuno mai "Gwyn eu byd y rhai addfwyn" a ddywedodd yr Arglwydd yn y Bregeth ar y Mynydd. Ond o droi at y Saesneg, gwelir fod amrywiaeth mawr yn y cyfieithiadau. PRAEIS, lluosog PRAUS, yw'r gair a arferir yn y Roeg gwreiddiol am "addfwyn", ac ymhlith y cyfieithiadau Saesneg ceir *meek*, (A.V.) *humble* (Moffatt), *gentle* (Rieu, R.E.B. a'r *Jerusalem Bible* - gyda *lowly* ar waelod y ddalen), *humble-minded* (Goodspeed a J.B.Phillips) a *those whose strength is in their gentleness* (Barclay). *Meek* hefyd yw trosiad y cyfieithiad a baratôdd Cymdeithas y Beibl ar gyfer cyfieithwyr ond eglura mewn nodyn:

> The word describes the attitude of lowliness and trust, the opposite of self-assertiveness and self-sufficiency.

Mae'r *Translators' New Testament,* cyhoeddiad arall o eiddo Cymdeithas y Beibl, yn nodi mai *gentleness, humility, courteousness* yw trosiad arferol PRAUS. Cwyna fod y gair *meek* yn cael ei gamddeall mewn Saesneg cyfoes ac yn gyfystyr â "gwan", ond yn y Testament Newydd, meddir:

> it [PRAUS] indicates strength of character controlled by a spirit of forbearance and consideration for others; a willingness to forgo one's legitimate rights for the common good. It is not a weak word. Meekness is a characteristic of faith in action.

Cytuna *Geiriadur Ysgrythurol* Thomas Charles nad gwendid yw "addfwynder" :

> Yn y cwymp, collodd dyn yr addurn hardd hwn [sef addfwynder] o eiddo Duw ar ei enaid; ac a aeth yn gyndyn, yn ffyrnig, yn waedwyllt, yn greulawn, ac yn anhawdd i'w drin ... Mae yr Ysbryd Glân, trwy ddwys argyhoeddiad o bechod, yn darostwng, yn plygu, yn ystwytho ac yn llarieiddio pechaduriaid ystyfnig, ac yn eu dwyn atynt eu hunain, i ymostyngiad i'r Arglwydd, ac ufudd-dod iddo.

Y mae un trosiad Cymraeg sy'n drawiadol iawn ac, o bosibl, yn dod yn agos at grynhoi sylw Thomas Charles am "addfwynder" i un cymal byr. Eiddo Islwyn Ffowc Elis yw hwnnw yn *Efengyl Mathew, Trosiad i Gymraeg Diweddar* [1961], lle mentrir: "Gwyn fyd y rhai hawdd eu trin..."

Daw awgrym pellach am ystyr y gair yn sylw T.Glyn Thomas yn *Ar Ddechrau'r Dydd* (t.185):

Yr 'addfwyn', fel yr awgrymodd Gerald Heard, yw'r rhai a ddofwyd trwy eu dwyn o dan iau Crist.

O droi at eiriaduron Groeg Clasurol gwelir fod y gair PRAUS yn dod o ferf sy'n golygu "dofi" ac iddo gael ei arfer am ddofi anifeiliaid a "thorri ceffylau i fewn". Ar sail hyn, gellir mentro awgrymu mai neges yr Arglwydd yn Mathew 5:5 oedd: **"Gwyn eu byd y rhai a ddofwyd gennyf fi!"**

Ond beth sy'n digwydd pan gaiff person ei ddofi gan yr Arglwydd Iesu? Credwn fod tri pheth y gellir eu nodi am y rhai a ddofwyd – "y rhai addfwyn":-

Yn gyntaf, pobl ydynt sydd wedi ildio eu hunain i'r Iesu.

Pan "dorrir" ceffyl, nid ei nerth ond ei ewyllys a "dorrir". Nid yw'r ceffyl a ddofwyd yn colli ei rym a'i gryfder, ond y mae yn ildio ei ewyllys i arall. Onid dyna a ddigwydd i'r Cristion? Ildio'i ewyllys i'r Crist a wna a rhoi y cyfan o'i hunan o dan reolaeth ac awdurdod ei Arglwydd.

Yn ail, pobl ydynt sydd wedi newid o dan ddylanwad yr Iesu.

Pan oeddwn yn weinidog yn Silian, roedd gŵr nid-anenwog yn byw gerllaw'r capel a'i waith oedd dofi ceffylau. Droeon, arhosais ar y ffordd i'w wylio wrth ei waith a gwelais geffyl nwydus, rhwyfus, na adawai i ddim gyffwrdd â'i gefn, yn tawelu, a chaniatáu i'r cyfrwy bwyso arno. Mae newid tebyg yn digwydd ym mywyd pobl pan ddofir hwynt a dônt o dan reolaeth y Crist. Dyma'r newid a ddisgrifiodd Thomas Charles: y mae pobl gyndyn, greulon, ffyrnig, anodd eu trin, yn plygu, ystwytho, ymostwng - yn wir, y maent yn greaduriaid newydd!

Yn drydydd, pobl ydynt sydd wedi dod yn ddefnyddiol i'r Iesu.

Pan yw ceffyl gwyllt wedi ei ddofi, daw'n ddefnyddiol a gellir defnyddio ei gryfder a'i rym i bwrpas. Daw pwrpas newydd i fywyd y Cristion a ddofwyd gan Grist. Y mae'n ddefnyddiol. Fel yn hanes Onesimus, y mae'r un a fu'n ddi-fudd yn troi'n fuddiol iawn i'w Arglwydd a'i waith Ef (Philemon 11).

ADDOLI - PROSKUNÊO

Wrth annerch o Gadair Undeb Bedyddwyr Cymru yng Nghaerfyrddin yn 1967 gofynnodd J.Williams Hughes:

> Atolwg, gan hynny, beth yw Addoli? Mae'r gair Cymraeg yn awgrymiadol iawn; daw o'r un gwreiddyn â'r geiriau *Dôl*, *Dolen*. A dyna yw dôl: darn o dir ag afon yn plygu fel dolen o'i gylch. Awgrym y gair, felly, yw hyn: mai hanfod Addoli yw *plygu* gerbron Duw. Diddorol sylwi fel y mae'r Beibl yn cadarnhau'r ystyr hwn trwy gysylltu'r gair *ymgrymu* ag Addoli; oblegid o'r un gwreiddyn y daw *ymgrymu* â'r gair *cryman* - a gwyddom beth yw siâp cryman. Ie, yr enaid yn *plygu*, yn *ymgrymu* gerbron Duw...oherwydd ymdeimlo ohonom â mawredd a sancteiddrwydd Duw, ac â'i gariad anfeidrol tuag atom yng Nghrist...

Dichon y dylid nodi mai gwreiddyn y gair Saesneg, *worship*, yw *worth* (gwerth), gyda'r ôlddodiad - *ship* yn ei droi yn enw sy'n dynodi cyflwr neu statws.

Mae'r Testament Newydd yn arfer amryw o eiriau gwahanol am "addoli", ond y dewis amlaf o bell ffordd yw PROSKUNEÔ - gair sy'n ymddangos trigain gwaith yn y Testament Newydd, gyda'r Llyfr Datguddiad yn hawlio 24 o'r 60 enghraifft ohono. Yn ôl *Geiriadur Charles* y mae'n air sydd
> yn arwyddo gorchrain [hen air yn golygu *prostrate* yn ôl geiriadur J.Bodvan Anwyl], neu syrthio ar yr wyneb ar y llawr, fel arwydd o ymostyngiad a pharch; ac felly yn arddangosiad o'r parch dyladwy oddiwrth isafiaid i uchafiaid, mewn awdurdod neu urddas.

Ffurf ar y gair KUS[S]Ô yw'r elfen KUNEÔ yn y gair PROSKUNEÔ ac ystyr KUS[S]Ô a KUNEÔ yw *cusanu*, tra bod PROS yn golygu *tuag at*. Pan gofiwn fod y Testament Newydd yn aml yn cysylltu'r ferf PIPTÔ (*syrthio*, *disgyn*) gyda PROSKUNEÔ, gwelwn mai'r darlun

13

a awgrymir gan y gair yw o berson yn disgyn ar ei liniau ac yn plygu i gusanu'r llawr o flaen gwrthrych yr addoliad. Ond mewn Groeg secwlar, nid oedd rhaid i'r gwrthrych hwnnw fod yn dduw, fel y dengys y defnydd o'r ferf ym Mathew 18:26 - lle mae'r hen gyfieithiad yn llythrennol gywir:

A'r gwas a syrthiodd i lawr ac a'i haddolodd ef [ei feistr]...

tra bod y *Beibl Cymraeg Newydd* yn darllen:

Syrthiodd y gwas ar ei liniau o flaen ei feistr...

Barn y mwyafrif o esbonwyr, fodd bynnag, yw mai eithriad yw'r defnydd secwlar ym Mathew 18:26 a bod enghreifftiau eraill y Testament Newydd yn grefyddol eu naws ac yn cyfeirio at addoli Duw, neu'r duwiau paganaidd, gyda'r cyfeiriadau at addoli'r Iesu yn dangos fod pobl yn ei ystyried yn ddwyfol.

Ymhlith y geiriau eraill a drosir i'r Gymraeg gan y gair "addoli" ceir SEBOMAI - gair sy'n tanlinellu'r ymdeimlad o barchedig ofn ac hefyd gywilydd (neu, os mynnir, ymdeimlad o annheilyngdod). Dyma'r gair a ymddangosodd yn y cartŵn cyntaf, fe ddichon, i sarhau Cristnogaeth - un a ddarganfuwyd gan archaeologwyr ar fur yn Rhufain. Darluniai'r cartwnydd ddyn ifanc yn penlinio o flaen croes ac yn hongian ar y groes roedd un a chanddo gorff dyn a phen asyn. Oddi tano ysgrifennwyd y geiriau ALEXAMENOS SEBETAI THEON (Addola Alecsamenos Dduw).

Ystyr debyg i eiddo SEBOMAI (Mathew 15:9; Mark 7:7; Actau 16:14; &c.) sydd gan SEBAZOMAI (Rhufeiniaid 1:25) ac EUSEBEÔ (Actau 17:23), eithr pwyslais ar *wasanaeth_crefyddol* sydd yn y gair LATREUÔ a drosir gan y gair "addoli" yn Actau 7:42; 24:14; Philipiaid 3:3; Hebreaid 10:2, &c.. Mae LATREUÔ yn air prin mewn Groeg Clasurol, ond fe'i gwelir yn aml yn y Septwagint [y cyfieithiad Groeg o'r Hen Destament] pan sonnir am addoliad Israel.

Er cymaint y sôn am addoli yn y Testament Newydd, nid cheir disgrifiad manwl o addoliad yr Eglwys Fore yn unman. Gan mai Iddew oedd yr Iesu a'i fod ef yn addoli yn y dull Iddewig ei hun, nid yw'n syndod fod yr Eglwys wedi dilyn dulliau Iddewig o addoli - eithr dewisodd yr Anghydffurfwyr a'r Eglwyswyr batrymau gwahanol i'w dilyn. Seilir addoliad y traddodiad Catholig ar addoliad y Deml, gyda'i offeiriaid a'i allor a'i aberth (yr Offeren); eithr canfu yr Anghydffurfwyr eu patrwm hwy yn addoliad y synagog - hyd at drefnu i'r gŵyr a'r gwragedd eistedd ar wahân mewn rhai eglwysi! Mae Eglwyswyr yn tynnu sylw at y ffaith na thrôdd y Cristnogion cyntaf eu cefnau ar y Deml yn Jerwsalem, gan fod yr Apostolion wedi parhau i fynychu'r gwasanaethau yno pan yn y ddinas. Tanlinella'r Anghydffurfwyr y ffaith mai yn y synagogau y pregethai Paul yn gyntaf ym mhob tref a bod patrwm addoliad y synagog yn rhoi cyfle i gyhoeddi'r efengyl. Yn wir, o'r enw a roddai'r synagogau ar eu swyddogion y cafodd yr Eglwys Fore ei henw hithau am ei swyddogion cyntaf, sef yr henuriaid.

Nid yw'r geiriau am addoli a arferir yn y Testament Newydd yn torri'r ddadl am ddull addoliad yr Eglwys Fore, ond dichon y taflant beth goleuni ar yr hyn yw gwir addoliad. Nid moliant yn unig ydyw (er ei bod hi'n ymddangos mai "addoli" yw'r enw a roddir ar foli mewn eglwysi charismataidd). Ymagweddu yw gwir addoliad; sef cydnabyddiaeth o fawredd a theilyngdod y Person a addolir ynghyd â pharchedig ofn ohono ac ymdeimlad o annheilyngdod yn ei ymyl.

AMHEUAETH –
RHAI O EIRIAU'R TESTAMENT NEWYDD

Wrth ddarllen drwy'r gwahanol gyfieithiadau Cymraeg o'r Testament Newydd, byddwn yn cwrdd o bryd i'w gilydd ag amheuaeth y sawl a gyfarfu â'r Arglwydd Iesu. Weithiau gwelir yr amheuaeth ymhlith ei ddisgyblion, ond ar adegau eraill dieithriaid neu'r awdurdodau sy'n amau.

Wrth droi i'r Testament Newydd Groeg gwelir fod hyd at bump o eiriau Groeg yn cael eu harfer am "amheuaeth" - a dyna un rheswm am yr amrywiaeth yn y cyfieithiadau Cymraeg, gyda "dryswch", "petruster", "penbleth", "cythrwfl", "cynnwrf", ac ati, weithiau'n disodli "amheuaeth". O edrych yn fanylach ar y geiriau Groeg eu hunain, sylwn fod rhai ohonynt yn hynod o ddiddorol.

Unwaith yn unig y gwelir y gair METEORIZESTHAI yn y Testament Newydd, a hynny yn Luc 12:29. Fe'i trosir i'r Gymraeg mewn amrywiol ffyrdd gan y cyfieithwyr:

"...na fyddwch amheus" (Beibl Cymraeg);

"...na fyddwch byw mewn pryder amheus" (*Yr Oraclau Bywiol*);

"...na fyddwch mewn amheuaeth bryderus" (William Edwards);

"...na chynhyrfwch" (*Cyfieithiad Prifysgol Cymru*);

"... peidiwch â byw mewn pryder" *(Beibl Cymraeg Newydd)*.

Gwreiddyn y gair yw METEOROS a roes inni'r Saesneg *meteor* a llu o eiriau Cymraeg tebyg. Ystyr METEOROS yw "ynghrog yn yr awyr" ond cafodd ei arfer yn drosiadol yn aml am long ar y cefnfor ac wedyn am "bod yn *ansefydlog* o ran meddwl, *anwadal, amheus*" (William Edwards). Byddai "Don't be *all up in the air"* yn gyfieithiad Saesneg addas!

Y mae amheuaeth yn amddifadu person o dir i sefyll arno.

Ymddengys y gair DISTAZÔ ddwywaith yn y Testament Newydd, a hynny yn Efengyl Mathew. Fe'i gwelir y tro cyntaf yn Mathew 14:31, lle mae'r Beibl Cymraeg, *Cyfieithiad Prifysgol Cymru* a'r *Beibl Cymraeg Newydd* yn rhoi "petrusaist" ond *Oraclau Bywiol* a William Edwards yn rhoi "amheuaist". Yr eildro y'i gwelir, yn Mathew 28:17, y mae'r cyfieithiadau yn fwy cyson yn eu defnydd o'r syniad fod amheuaeth yn rhan o'r hyn a awgrymir:

"...rhai a amheuasant" (Beibl Cymraeg, *Yr Oraclau Bywiol*, William Edwards);

"...amau wnaeth rhai" (*Cyfieithiad Prifysgol Cymru*);

"...er bod rhai yn amau" (*Beibl Cymraeg Newydd*).

Ystyr llythrennol y gair DISTAZÔ yw "sefyll yn wynebu i ddau gyfeiriad" (cymharer "cloffi rhwng dau feddwl", 1 Brenhinoedd 18:21), ac o'r herwydd daeth i olygu "amau".

Y mae amheuaeth yn amddifadu person o gyfeiriad i fynd iddo.

O'r geiriau Groeg eraill sy'n awgrymu "amheuaeth" y mae dau, sef APOREÔ a DIAPOREÔ, yn perthyn yn agos i'w gilydd. Wrth edrych ar y ffordd y trosir APOREÔ yn Ioan 13:22 - un o'r amryw enghreifftiau ohono yn y Testament Newydd - gwelir fod "gan amau" (Beibl Cymraeg, *Yr Oraclau Bywiol*) yn cystadlu â "gan fod mewn dyryswch" (William Edwards), "yn methu deall" (*Cyfieithiad Prifysgol Cymru*) a "yn methu dyfalu" (*Beibl Cymraeg Newydd*). Ceir amrywiaeth tebyg yn y trosiadau o'r tair enghraifft o DIAPOREÔ a welir yn Actau 2:12; 5:24 a 10:17.

Berf wedi ei fathu o A (negyddol) a POROS (tramwyfa; Saesneg, *passage*) yw APOREÔ. Golyga APOROS "anhramwyadwy", "di-lwybr", gyda'r ferf yn awgrymu anhawster teithio. Mae rhoi DI(A) o flaen APOREÔ yn cryfhau ystyr y gair.

Y mae amheuaeth yn amddifadu person o lwybr i'w dramwyo.

A barnu wrth y geiriau Groeg a awgrymodd *amau/amheuaeth* i gyfieithwyr Cymraeg y Testament Newydd, sylwn nad peth *negyddol* yn gymaint â pheth *llesteiriol/andwyol* yw amheuaeth. Clywais bregethwyr droeon yn dweud - a dichon i mi fy hun ddweud rhywbeth tebyg wrth bregethu - nad oes dim o'i le mewn amheuaeth iach. Ond awgrym y Testament Newydd yw mai rhwystr ydyw ar ffordd credu. Hyd nes symudir yr amheuon nid yw cred yn bosibl.

Ôl nodiad.

Wrth baratoi'r nodiadau hyn, synnais at brinder defnyddiau Cymraeg ar amau/amheuon. Pam, tybed? Agorais *Geiriadur* Ysgrythyrol,

17

Thomas Charles, a chanfod mai prin dwy linell sydd ganddo ar "Ammeu, Ammheuon". Troi wedyn i gyfrol werthfawr Alan Llwyd, *Y Flodeugerdd o Ddyfyniadau Cymraeg*, a chael un dyfyniad yr un yn y mynegai yn ymwneud ag "amau", "amheuon", "amheuwr". Yna, dechreuais chwilio'r llyfrau emynau, ac wedi methu fy hun â dod o hyd i un o'r geiriau mewn emyn, ffoniais gyfaill yr ystyriaf yn awdurdod ar emynau Cymraeg. Llwyddodd ef i feddwl am un emyn - ond a oes mwy? - eithr yr ansoddair a gydir wrth "amheuon" yno yn emyn Emrys yw "ffôl":

> Ymaith, ffôl amheuon, Heriaf bob treialon,
> Iesu yw fy rhan;
> Canaf ym mhob tywydd, Os caf wenau f'Arglwydd,
> Gobaith f'enaid gwan;
> O! fy Nuw, fy ngweddi clyw, Os cyrhaeddaf nef y nefoedd,
> Molaf Di'n oes oesoedd.

Wedi i'r nodiadau hyn ymddangos yn *Cristion*, derbyniais lythyr gan gyfaill arall yn cyfeirio at emyn o eiddo Tegla – ond sylwer eto ar y gair "ffôl":

> Arglwydd, maddau fy amheuon,
> Maddau fy mwhwman ffôl...

ANADL O'R UCHELDER - PNEUMA

Bum yn lletya dros y Sul unwaith yng nghartref gŵr y dywedwyd wrthyf y bu disgwyl mawr ar un adeg yr âi ymhell ym myd yr opera. Wrth sgwrsio ag ef yn ystod y dydd clywais ganddo fod dau beth wedi mygu ei uchelgais fel canwr. Un oedd gorfod mynd i weithio dan ddaear yn ystod y Rhyfel a chael ei effeithio gan glefyd y llwch. Y llall oedd yr ymwared gwyrthiol a gafodd mewn damwain a laddodd amryw o'i gyfeillion ac a fu'n gyfrwng tröedigaeth yn ei hanes.

"Oeddech chi ddim yn chwerw fod clefyd y llwch wedi rhwystro'ch gyrfa fel canwr?" gofynnais.

"Na", meddai, "erbyn imi sylweddoli fod y fegin wedi ei niweidio, yr oeddwn yn fwy awyddus i fod o wasanaeth i'r Arglwydd nag i wneud enw i mi fy hun."

Nid oedd ei brofiad yn annhebyg i'r cymeriad y canodd Cynan amdano - gŵr yr oedd ei ddiléit mewn rygbi

Cyn i'r Diwygiad fynd â'i fryd

A'r *asthma* fynd â'i wynt.

Mae'r cwpled hwn fel pe'n darlunio pegynau ystyron y gair Groeg PNEUMA: yr Ysbryd (PNEUMA) oedd yn gyfrifol am y Diwygiad a barodd i'r dyn golli ei ddiddordeb mewn rygbi, tra bod diffyg anadl (PNEUMA) yn golygu ei fod yn methu â chwarae. Rhwng yr hyn a gyflea'r ddau air - *Ysbryd* ac *anadl* - y mae gan PNEUMA lu o ystyron a'i gwna yn un o eiriau cymhleth a chyfoethog y Testament Newydd. Ymhlith yr ystyron hyn ceir *gwynt, awel, bywyd, enaid, ysbryd (= bwgan, drychiolaeth), ysbryd (= tymer, hwyl)*, a *chrebwyll* neu *ddirnadaeth*. Nid rhyfedd i'r *Theological Dictionary of the New Testament* dan olygiaeth Kittel, neilltuo 119 tudalen i olrhain ei gefndir a thrafod ei ystyr.

Yn y *Septuagint*, sef y cyfieithiad Groeg o'r Hen Destament, PNEUMA yw'r gair a ddefnyddir i gyfieithu'r Hebraeg "*ruach*" - gair sy'n ymddangos yn agos i 400 o weithiau ac (ymhlith trosiadau eraill) a gyfieithwyd *ysbryd* (rhyw 232 gwaith), *gwynt* (90 gwaith) ac *anadl* (28 gwaith); ["*ruach*" yw'r gair am *anadl* yng ngweledigaeth Eseciel am yr esgyrn sychion, Esec. 37:5,6,8,9,10].

Ond pa un o'i ystyron a ddylid ei arfer wrth drosi PNEUMA yn y Testament Newydd? Nid oedd amheuaeth ym meddwl William

Edwards:

> Defnyddir *pneuma* dros 350 o weithiau yn y T.N., a chyda thair o eithriadau [2 Thes. ii:8; Heb. i:7; Dat. xi:11], a dwy ohonynt yn amheus, ei ystyr yw *ysbryd.*

Mewn nodyn yn cyfiawnhau ei gyfieithiad o PNEUMA fel "ysbryd" y *ddeudro* yr ymddengys yn Ioan 3:8 yr ysgrifennodd y geiriau uchod, a bu'n gyson yn trosi PNEUMA fel *ysbryd* bob tro y daeth ar ei draws, heblaw am y ddau eithriad cyntaf a nododd. Diddorol sylwi fod yr A.V. yn dilyn yr un egwyddor gydag ond ychydig o eithriadau, er yn gwahaniaethu oddi wrth William Edwards drwy fynnu mai *wind* yw'r trosiad gorau o PNEUMA y tro cyntaf yr ymddengys yn Ioan 3:8. Cymharer y *B.C.N.*: "Y mae'r *gwynt* yn chwythu lle y myn, ac yr wyt yn clywed ei swn, ond ni wyddost o ble y mae'n dod nac i ble y mae'n mynd. Felly y mae gyda phob un sydd wedi ei eni o'r *Ysbryd*".

Nid yw'r *B.C.N.* yn cadw at yr un gair bob tro y daw ar draws PNEUMA, eithr caniatâ i'r cysylltiadau liwio'r ystyr a rydd iddo:

"Fel y mae'r corff heb *anadl* yn farw, felly hefyd y mae ffydd heb weithredoedd yn farw"(Iago 2:26).

"Yr hwn sy'n gwneud ei angylion yn *wyntoedd*" (Heb. 1:7).

"... a bydd yr Arglwydd Iesu yn ei ladd ag *anadl* ei enau" (2 Thes. 2:8).

"... daeth *anadl* einioes oddi wrth Dduw i mewn iddynt" (Dat. 11:11).

Wrth drosi Mathew 27:50 roedd y *B.C.N.* yn fodlon hepgor yn gyfan gwbl a chwilio am air a gyfatebai i PNEUMA a chyfieithwyd "ymadawodd a'r ysbryd" fel "bu farw" (cymh. Ioan 19:30 lle cedwir "a rhoi i fyny ei ysbryd"). Dichon y gellid fod wedi bod yn fwy mentrus ar adegau eraill, megis y buwyd wrth drosi Luc 24:37 – "O achos eu dychryn a'u hofn, yr oeddent yn tybied eu bod yn gweld *drychiolaeth*", neu Luc 8:55 – "Yna dychwelodd ei *hanadl* [neu *fywyd*], a chododd ar unwaith".

Y mae peth o'r defnydd a wneir o'r gair PNEUMA y tu allan i ddudalennau'r Testament Newydd yn help i ddeall yn well rhai gweddau arno, yn enwedig pan yw'n cyfeirio at *yr Ysbryd [Glân]*. Ymhlith pethau eraill, yr oedd PNEUMA i'r Groegiaid yn cynrychioli:

(i.) Y gallu sy'n creu bywyd ac yn bywiocáu. Ym mhrofiad yr Eglwys, yr Ysbryd yw "Bywyd y meirw" - yr unig Allu a fedrai droi gweledigaeth Eseciel yn Nyffryn yr Esgyrn Sychion yn ffaith (Eseciel 37). Oherwydd grym yr Ysbryd, ni chred y Cristion fod unrhyw sefyllfa'n anobeithiol. Dyna paham y canodd yr emynydd:

    Chwyth drachefn y gwyntoedd cryfion
  Ddeffry'r meirw yn y glyn,
    Dyro anadliadau bywyd
    Yn y lladdedigion hyn.

(ii.) Yr hyn sy'n symbylu ac ysbrydoli. Gwedd arall ar y bywiocáu yw ysbrydoli. Yr Ysbryd sy'n cyffroi'r dychymyg ac yn tanio'r breuddwydion sydd hefyd yn ysgogi gweithgarwch. Mae hi'n siwr o fod yn arwyddocaol mai ystyr llythrennol y gair Saesneg *enthusiasm* yw "wedi ei feddiannu gan Dduw".

    Nid dawn na dysg, ond dwyfol nerth
    Wna brydferth waith ar ddynion;
    Y galon newydd, eiddot Ti
    Ei rhoddi, Ysbryd tirion.

(iii.) Yr hyn sy'n cysylltu a chyfryngu (fel y mae'r *anadl* yn cysylltu corff dyn â'r ocsigen sy'n ei gadw'n fyw). Wrth addoli, y mae'r Cristion yn gwneud ymgais ymwybodol i diwnio i fewn i'r donfedd ddwyfol, eithr mae'n sylweddoli na all wneud hyn heb gymorth. Dyna paham y canwn:

    Arglwydd grasol, tywallt D'Ysbryd
    Ar ein hoedfa yma'n awr;
    Dyro deimlo ei effeithiau,
    Grym Ei arg'oeddiadau mawr;
    Gad i'n brofi
    Beth yw'r nefoedd, yn Dy dŷ.

ARWEINYDD Y PLANT - PAIDAGÔGOS

Gair a ddefnyddia Paul ddwywaith yn ei epistolau yw PAIDAGÔGOS. Ymddengys unwaith yn y lluosog yn I Corinthiaid 4:15, a'r tro arall yn yr unigol yn Galatiaid 3:24. A barnu wrth yr amrywiol gyfieithiadau o'r gair, y mae'r cyfieithwyr wedi cael cryn drafferth i'w drosi i'r Gymraeg gan nad oes dim sy'n cyfateb yn hollol i'r PAIDAGÔGOS yn ein diwylliant ni. "Athro" yw trosiad y Beibl Cymraeg, *Yr Oraclau Bywiol* a John Ogwen Jones (*Y Testament Newydd Diwygiedig*) o'r gair y ddeudro; tra bod William Edwards yn dewis "gwarchodwyr" ar gyfer Corinthiaid, er yn cadw "athro" ar gyfer Galatiaid. Ar y llaw arall, y mae'r *Beibl Cymraeg Newydd* yn dewis "hyfforddwr" ar gyfer Corinthiaid a "gwas i warchod" ar gyfer Galatiaid, gyda *Chyfieithiad Prifysgol Cymru* yn mentro "gwas-plant", ymadrodd a fathodd Dr Hugh Williams ar gyfer PAIDAGÔGOS yn y cyfieithiad newydd a gyhoeddodd yn ei esboniad (1892). Nid yw'n syndod i Maurice Loader ddweud yn ei esboniad yntau ar y Galatiaid, nad "yw'n hawdd taro ar gyfieithiad boddhaol".

Wrth droi i'r Saesneg, gwelir yr un amrywiaeth yn ymgais y cyfieithwyr i ddod o hyd i air sy'n cyflwyno beth yn union oedd PAIDAGÔGOS. Ar wahân i'r *"schoolmaster"* cyfarwydd, ceir *"custodian"* (*R.S.V.*), *"tutor"* (Weymouth), *"attendant"* (Goodspeed), *"slave-guardian"* (Lenski), *"child-conductor"* (Young), ac ati. Awgrymodd Ralph Earle mai'r trosiad cywir fyddai "rhywun gwryw yn cyfateb i'r *'governess'*" - ond ni allai feddwl am air i gyfleu'r syniad! Bathodd y Saesneg y gair *"pedagogue"* o'r Roeg PAIDAGÔGOS, ond gan ei fod bellach yn air bychanol, dilornus am athro pedantig, nid yw'n drosiad addas o'r hyn a geir yn y Testament Newydd.

Ac eto, os yw'n anodd dod o hyd i air addas, y mae'n gwbl hysbys beth oedd swyddogaeth a gwaith y gŵr. Meddai William Edwards am PAIDAGÔGOS:

> ...fel rheol ym mhlith y Groegiaid a'r Rhufeiniaid y caethwas a ofalai am y plant, gan edrych ar ôl eu haddysg foreuol a'u moesau. Yr oedd yn fwy o *warcheidwad* nag o *athraw*. Yr oedd yn llym yn ei ddisgyblaeth.

Rhoddodd David Williams ddarlun llawnach yn ei *Esboniad ar y Galatiaid* (cyfaddasiad Llewelyn Jones, 1968). Meddai ef:

> Arfer Roegaidd oedd cadw gwas-plant, a lle israddol iawn oedd iddo yn y teulu. Nid athro ydoedd, ond gwas - caethwas fel rheol - y rhoddid gofal plentyn iddo, o saith oed hyd oni byddai yn ddwy-ar-bymtheg, i'w arwain yn ôl ac ymlaen i'r ysgol, i wylio drosto ac i ofalu am ei ymddygiad - yn union y math o swyddog y buasai unrhyw blentyn iach a naturiol yn blino'i galon arno, ac yn dyheu am ymwared oddi wrtho. Yr oedd rhai o'r gweision hyn yn ddigon diofal a diegwyddor, ac fel y digwydd yn gyffredin, ceisient guddio hynny oddi tan gochl wyneb hir a llym, nes peri bod yr ymadrodd 'wyneb gwas-plant' yn hanner dihareb. Mewn teuluoedd Rhufeinig yr oedd safle'r gwas-plant ychydig yn bwysicach, a rhoddid iddo i ryw fesur y gwaith o hyfforddi yn ogystal â disgyblu.

Dengys y defnydd o'r gair a welir yn y papurfrwyn fod plentyn yn byw o dan gysgod ei PAIDAGÔGOS gan nad ei dywys i'r ysgol yn unig a wnâi ond cadw llygad parhaus arno, wrth chwarae yn ogystal ag wrth astudio, a sicrhau na ddôi i unrhyw niwed ac na wnâi ddrwg. Nid yw'n syndod fod perthynas plentyn â'i PAIDAGÔGOS ar adegau yn gallu bod yn anodd a bod plant yn hiraethu am y dydd pan fyddent yn ddigon hen i dorri'n rhydd o'i afael.

Yn ei ddefnydd o'r gair yn ei lythyr cyntaf at y Corinthiaid, y mae Paul yn mynnu ei fod ef yn fwy na PAIDAGÔGOS i'r Cristnogion yno: eu tad hwy ydyw ef - ac fel y byddai teimladau a pherthynas tad a'i blant yn wahanol iawn i deimladau gwas, felly y mae ei deimladau a'i berthynas yntau â'r Corinthiaid yn wahanol i berthynas eraill. Gobeithia eu bod hwy hefyd yn ymglywed ag arbenigrwydd y berthynas ac y byddant yn efelychu eu "tad". (Yn y cyswllt hwn, nid cwbl amhriodol ydyw dwyn i gof eiriau'r Arglwydd am y gwahaniaeth rhwng perthynas bugail a gwas cyflog â'r praidd, sy'n fodlon dilyn y bugail ond yn ffoi oddi wrth y gwas cyflog.)

Wrth droi at y llythyr at y Galatiaid, y mae Paul yn galw'r Gyfraith Iddewig yn PAIDAGÔGOS "i'n harwain at Grist" (William Edwards). Credodd rhai esbonwyr mai darlun sydd yma o'r plentyn yn cael ei arwain i'r ysgol at yr ysgolfeistr - y Gyfraith yn ein harwain at Grist. Gwell ydyw deall yr adnod fel darlun o'r cyferbyniad rhwng plentyn yn hiraethu am ei ryddid tra'n gaeth o dan awdurdod PAIDAGÔGOS, ac o ddyn wedi cyrraedd aeddfedrwydd yn derbyn y rhyddid a ddymunodd. Caethiwed sydd o dan y Gyfraith, ond y mae rhyddid yng Nghrist. Dyma ergyd cyfieithiad y *Beibl Cymraeg Newydd* : "bu'r Gyfraith yn was i warchod trosom hyd nes i Grist ddod", hynny yw, *caethiwo* a wnâi'r Gyfraith, ond bellach y mae Crist wedi dwyn rhyddid i ddyn.

> I'm Harglwydd fy moliant offrymaf,
> A'i glod a ddyrchafaf bob dydd;
> Trugaredd fy Nuw a fawrygaf,
> O! gariad anfeidrol - 'r wy'n rhydd!

BATHO – LOUÔ

"Y mae unrhyw un y cyffyrddodd y dyn â diferlif ag ef, heb iddo olchi (NIPTÔ) ei ddwylo mewn dŵr, i olchi (PLUNÔ) ei ddillad, ymolchi (LOUÔ) â dŵr a bod yn aflan hyd yr hwyr" (Lefiticus 15.11).

Yr hyn sy'n ddiddorol am yr adnod hon yw bod y fersiwn Groeg ohoni yn y Septuagint yn cynnwys y tair prif ferf Roeg o'r wyth a arferir yn y Testament Newydd am olchi. NIPTÔ yw'r gair a arferir am olchi rhan o'r corff - y dwylo neu'r traed neu'r wyneb; PLUNÔ yw'r gair am olchi pethau - dillad neu rhwydi (Luc 5:2); a LOUÔ yw'r gair a arferir am olchi'r corff yn llwyr, sef batho. O gofio hyn, nid yw'n syndod fod y gair Groeg BAPTIZÔ (*trochi*, y Saesneg *"dip"*) yn aml yn cael ei ddefnyddio gyda'r gair LOUÔ ac yn un arall o'r wyth gair Groeg am olchi (Luc 11:38).

Suddo'r corff mewn dŵr yw'r hyn a olyga batho i ni heddiw - a dyna *ran* o beth a olyga yn yr Hen Destament, lle defnyddid yr afonydd a'r môr i'r pwrpas. Darganfu'r Groegiaid a'r Rhufeinwyr faddonau cynnes yn gynnar yn eu hanes hwy ac erbyn y cyfnod Rhufeinig roedd baddonau cyhoeddus i'w gweld ym Mhalestina. Mae'n hysbys fod rhai Iddewon parchus yn hoffi defnyddio'r baddonau hyn a cheir hen chwedl sy'n hawlio fod neb llai na Gamaliel wedi defnyddio baddon Aphrodite yn Acre ar un achlysur. Hefyd, roedd ystafell faddon ar gael ar gyfer yr offeiriaid yn nheml Herod ac mae Marc 7:1-4 yn lled awgrymu fod mwy a mwy o bwysau yn cael ei rhoi ar bobl gyffredin i olchi (NIPTÔ) eu dwylo cyn bwyta ac ymolchi (BAPTIZÔ) ar ôl dychwelyd o'r farchnad, er nad oedd baddonau yn bethau cyffredin i'r werin.

Pan orchmynnwyd i Namaan "ymolchi (ffurf ar y gair LOUÔ yn y Septuagint) saith waith yn yr Iorddonen" (2 Bren. 5:10) "aeth i lawr, ac ymdrochi (BAPTIZÔ) saith waith" yn yr afon (2 Bren. 5:14). I'r afon yr aeth merch Pharo hithau (Ecsodus 2:5), i "ymdrochi" yn ôl y *Beibl Cymraeg Newydd* er mai LOUÔ yw'r ferf yn y Septuagint. Ond nid pawb allai ddod o hyd i afon neu faddon i fatho, ac felly roedd batho iddynt hwy yn golygu chwilio am le preifat i olchi'r corff i gyd, a'r ffordd arferol o wneud hyn oedd drwy dywallt dŵr dros y corff "neu trwy gymhwyso dwfr at yr holl gorff" (William Edwards) gan ddefnyddio LOUTRON (Effes. 5:26) ar gyfer dal y dŵr. Dyna sut y bu i Ddafydd, tra'n cerdded ar hyd do'r palas, weld Bathseba yn ymolchi (LOUÔ) islaw (2 Samuel 11:2). Ac mewn lle preifat o'r neilltu y bu Ruth yn "ymolchi (LOUÔ) ac ymbincio" (*B.C.N.,* Ruth 3.3) ar gyfer Boas.

Yn y Testament Newydd daw'r berfau LOUÔ a NIPTÔ at ei gilydd yn Ioan 13:10: "Dywedodd Iesu [wrth Pedr], 'Y mae dyn sydd wedi ymolchi drosto (ffurf o'r ferf LOUÔ) yn lân i gyd, ac nid oes arno angen golchi (NIPTÔ) dim ond ei draed.'" Darlun sydd yma o berson yn y Dwyrain wedi cael bath cyn cychwyn o'i gartref. Wrth gerdded mewn sandalau agored ar hyd ffyrdd llychlyd ni fyddai'n hir cyn bod ei draed yn fudr a brwnt, a phan gyrhaeddai pen ei daith byddai angen eu golchi eto - ond dim ond y traed! Gorchwyl y gwas lleiaf oedd gwneud hyn pan gyrhaeddai deithiwr dŷ crand - ond roedd yn orchwyl yr ymgymerodd yr Arglwydd ag ef yn yr Oruwch Ystafell ar adeg pan oedd ei ddisgyblion yn gyndyn i ymostwng i waith mor israddol. Cymerodd yr Iesu'r badell a'r tywel a dechrau golchi (NIPTÔ) draed y disgyblion (13:5-6). Yn ôl ei arfer, aeth Pedr dros ben llestri a gwrthod caniatâd i'r Iesu olchi (NIPTÔ, 13:8) ei draed o gwbwl ar y dechrau, ond hawlio'n ddiweddarach ei fod yn golchi ei ddwylo a'i ben hefyd! Ymateb yr Iesu oedd ei fod eisoes wedi cael bath (LOUÔ) ac felly fod golchi (NIPTÔ) ei draed yn ddigon iddo!

Gan fod LOUÔ yn cael ei arfer am olchi'r corff i gyd (cymh. Actau 9:37), dichon fod y defnydd o'r gair yn Actau 16:32 yn arwyddocaol ac yn tanlinellu mor dost fu'r gurfa a gafodd Paul a Silas gan yr awdurdodau yn Philipi (Actau 16.23). Yr oedd y briwiau a gawsant yn gyfryw ag oedd yn galw am faddo'r corff i gyd ac nid dabio ychydig o ddŵr yma ac acw.

O gofio am y berthynas naturiol a welir rhwng LOUÔ a BAPTIZÔ pan sonnir am fatho, nid yw'n syndod fod William Edwards yn dadlau mai at fedydd y cyfeirir pan sonnir am olchi (LOUÔ a LOUTRON) yn Effesiaid 5:26, Titus 3:5 a Hebreaid 10:22.

Boed hynny fel y bo, y mae'r ysgolheigion (ceidwadol a rhyddfrydol) yn cytuno mai camddarlleniad sy'n dweud fod Iesu Grist trwy ei waed yn ein *golchi* oddi wrth ein pechodau; ein *rhyddhau* a wna (Datguddiad 1:5). "Nid oes gwahaniaeth ond o un llythyren yn y gwreiddiol rhwng 'rhyddhau' (LUÔ) a 'golchi' (LOUÔ)" (William Edwards) ac mae pob testun Groeg cyn y nawfed ganrif yn clodfori'r "... hwn sydd yn ein caru ni ac a'n *rhyddhaodd* ni oddi wrth ein pechodau â'i waed". Y ddadl yw mai â dŵr, nid â gwaed, y cysylltir y ddefod o lanhau yn y grefydd Iddewig ac felly nid at y ddefod honno y cyfeirir yn yr adnod hon ond at y ddefod o aberthu.

BLAENFFRWYTH - APARCHÊ

Pan oeddwn yn grwt roeddem fel teulu yn dibynnu llawer ar gynnych ein gardd fawr. Plannai Nhad cymaint â chan pwys o datws bob blwyddyn - hen ddigon inni fwyta dros fisoedd y gaeaf, â'r gweddill yn dod yn datws had y flwyddyn ganlynol. Roedd digonedd o lysiau yn cael eu plannu hefyd, tra bod y coed afalau a gylchynai'r ardd yn llwythog bob hydref ac - wedi iddi hi dywyllu, wrth gwrs! - yn gyrchfan i lawer o fois y pentref. Ond dichon mai'r hyn yr ymfalchïai Nhad fwyaf ynddynt yn ei ardd oedd y coed gwsberis a chwrens, ac yn arbennig y cwrens coch a'r pwysicaf o'r cyfan, un goeden cwrens gwyn.

Diwrnod pwysig yn ein tŷ ni bob blwyddyn oedd hwnnw pan gludai Mam gynnyrch newydd yr ardd i'r bwrdd am y tro cyntaf. Buom yn disgwyl ers misoedd am flas tatws na ddeuent o'r stôr ac am ffrwythau nad oeddent wedi eu potelu ar ddiwedd y tymor blaenorol; a phan ddeuai'r awr, roedd hi'n awr fawr iawn! Ychwanegwyd at bwysigrwydd yr achlysur drwy fod Mam yn gorchymyn inni wneud dymuniad wrth flasu llysiau neu ffrwythau cynta'r tymor. Yn oes y rhewgell a'r mewnforio o bendraw'r byd (dau beth a gyfunodd i ddileu'r tymhorau o'r gegin) mae'n anodd cyfleu pwysigrwydd ac arbenigrwydd y digwyddiad, ond mae'r atgof yn dal i dynnu dŵr i'm dannedd. Roedd arbenigrwydd neilltuol i gynnyrch cynta'r tymor, y blaenffrwyth; nid oedd cweit yr un blas ar gynnyrch diweddarach - y blaenffrwyth, yn ddiamau, oedd y gorau.

Credai'r Iddew fod Duw yn haeddu'r gorau a golygai hynny roi'r blaenffrwyth iddo ac nid yr hyn a ddeuai'n ail neu a oedd yn weddill. Dyna hefyd yr agwedd Gristnogol.

Gair y Testament Newydd am "blaenffrwyth" yw APARCHÊ. Y mae'n perthyn yn agos i'r gair Groeg APARCHOMAI sy'n golygu *"gwneuthur dechreuad, dodi ar waith"*. Ei wreiddyn yw ARCHÊ sy'n golygu *"dechrau"* – "Yn y *dechrau* yr oedd y Gair..." (Ioan 1.1) - ac ystyr llythrennol APARCHÊ yw *"o blith y [pethau] cyntaf / blaenaf"*, ond heb nodi pa "bethau" y cyfeirir atynt (hynny yw, gall y gair gyfeirio at yr arian cyntaf, neu'r eiddo cyntaf, neu'r anifail cyntaf, neu'r ffrwyth cyntaf). *"Tamaid [toes]"* yw trosiad y *B.C.N.* o

APARCHÊ yn Rhuf. 11.16. Mewn Hen Roeg y mae'n bosibl ei fod yn cael ei ddefnyddio am *dâl mynediad, "entrance fee",* ac *adnau, gwystl, "deposit"* ond buan y datblygodd y gair yn air crefyddol ac fe'i harferwyd am y darn o'r aberth a gyflwynwyd ar yr allor.

Ymddengys APARCHÊ wyth gwaith yn y Testament Newydd a gellir rhannu'r defnydd a wneir ohono'n fras i dri dosbarth:

I ddechrau, golyga'r *lle blaenaf o ran amser* - y "ffrwyth cyntaf" chwedl Salesbury. Felly Epainetus oedd "y *cyntaf* yn Asia i ddod at Grist" (Rhuf. 16:5 - *B.C.N.*) a theulu Steffanas "oedd Cristionogion *cyntaf* Achaia" (1 Cor. 16:15) a Christ ei hun oedd y *cyntaf* i gyfodi oddi wrth y meirw (1 Cor. 15:20,23).

Ond yn gysylltiedig â hyn y mae'r syniad fod *mwy eto i ddod.* Y cyntaf o lawer oedd Epainetus a theulu Steffanas, tra bod y Crist "yn *flaenffrwyth* y rhai sydd wedi huno … Oherwydd fel y mae pawb yn marw yn Adda, felly hefyd y gwneir pawb yn fyw yng Nghrist. Ond pob un yn ei briod drefn: Crist y *blaenffrwyth*, ac yna, ar ei ddyfodiad ef, y rhai sy'n eiddo Crist".

Yn olaf, defnyddir y gair i ddynodi'r *hyn sy'n rhagori.* Disgwyliai awduron y Testament Newydd y byddai Cristnogion yn rhagori ar y di-Grist. Cenhedlodd y Tad ni "trwy air y gwirionedd, er mwyn inni fod yn rhyw fath o *flaenffrwyth* o'i greaduriaid" (Iago 1:18), hynny yw, gan ddisgwyl y byddem yn rhagori ar weddill ei greaduriaid. Yn yr un modd, dywed y Llyfr Datguddiad am y 144,000 a safai gyda'r Oen ar Fynydd Seion - y rhai a brynwyd "yn *flaenffrwyth* i Dduw a'r Oen" - eu bod "heb eu halogi . . . diwair ydynt . . . ni chafwyd celwydd yn eu genau; y maent yn ddi-fai" (Datg. 14:4-5).

Pan ganwn gyda Phedr Fardd

Cysegrwn *flaenffrwyth* ddyddiau'n hoes

I garu'r Hwn fu ar y groes . . .

mae'n bwysig inni gofio cefndir ysgrythurol y gair APARCHÊ a sylweddoli ein bod yn cydnabod hawl yr Arglwydd

i fod yn gyntaf yn ein bywyd,

i feddiannu'r oll o'n bywyd,

ac i gael dim llai na'n gorau ohonom bob amser.

CALONOGI - THARSEÔ

Ar yr olwg gyntaf nid oes dim byd allan o'r cyffredin yn y ferf THARSEÔ sydd i'w gweld wyth gwaith yn y Testament Newydd - saith waith yn ôl rhai o'r hen lawysgrifau sy'n cael eu defnyddio gan amryw o'r cyfieithiadau modern. Berf ydyw a ffurfiwyd o'r gair THARSOS sy'n golygu *hyder, dewrder, gwroldeb, ehofndra*. Ystyr THARSEÔ, felly yw *bod yn wrol, yn hyderus, yn eofn*, ac roedd yn air a oedd yn ddigon cyfarwydd ar leferydd ac yn llenyddiaeth y Groegiaid.

Er hynny, fe berthyn i ddefnydd y Testament Newydd o'r gair ddau hynodrwydd.

Yn gyntaf, fe'i gwelir yn y modd gorchmynnol bob tro:- THARSEI (unigol), *Bydd hyderus!* THARSEITE (lluosog), *Byddwch hyderus!* Ymhlith yr amrywiaeth o drosiadau o'r geiriau a welir yn y cyfieithiadau gwahanol, fe geir *cyssiriwch* (Salesbury), *cymer* neu *cymerwch gysur* (*BC*), *cymer galon* (John Williams, *Oraclau Bywiol*), *ymgalonoga* (William Edwards), *cod dy galon* (Islwyn Ffowc Elis), *"be of good cheer"* (*AV*), neu, gwell, *"Cheer up!"*

Yn ail, ym mhump o'r chwe hanes lle'r anogir pobl wahanol i godi eu calon, yr Iesu ei hun sy'n llefaru. Ar y chweched achlysur, rhywbeth a ddywedodd yr Iesu sy'n ysgogi eraill i ddweud, "Cod dy galon!" Ac ymhellach, bob tro y cofnodir y gorchymyn hwn, fe roddir rheswm drosto.

Wrth ddarllen drwy'r Testament Newydd, fe ddown ar draws THARSEI gyntaf yn Mathew 9:2. Siarad â dyn wedi ei barlysu a wna'r Iesu a chyn ei iacháu dywedodd wrtho, "Cod dy galon, fy mab; maddeuwyd dy bechodau" (*B.C.N.*). Yn yr un bennod (adnod 22) cofnodir i'r Iesu ddweud wrth y wraig a dderbyniodd iachâd wrth gyffwrdd ag ymyl ei wisg: "Cod dy galon, fy merch; y mae dy ffydd wedi dy iacháu di" (*B.C.N.*). [Y mae'r stori hon, hefyd, yn Efengyl Luc ond dewisodd y rhan fwyaf o'r cyfieithiadau modern ddilyn y llawysgrifau hŷn sy'n hepgor yr ymadrodd "Cod dy galon!" er y gwelir ef yn yr hen gyfieithiadau (Luc 8:48).]

Yn Mathew 14:27 a Marc 6:50, dywedir i'r Iesu ddefnyddio THARSEITE wrth gerdded ar wyneb y môr rhyw noson ac agosáu at y disgyblion yn y cwch. Credent hwy eu bod yn gweld drychiolaeth ac felly meddai wrthynt: "Codwch eich calon, ... myfi yw; peidiwch ag ofni" (*B.C.N.*).

Gwir nad yr Iesu ei hun a lefarodd y gair THARSEI wrth Bartimeus Ddall yn ôl Marc 10:49, ond y dyrfa a oedd funud neu ddwy yn gynt yn ceryddu'r cardotyn am weiddi "Fab Dafydd, trugarha wrthyf!" Clywodd yr Iesu ei gri a gorchymyn, "Galwch arno." "A dyma hwy'n galw ar y dyn dall a dweud wrtho, 'Cod dy galon a saf ar dy draed; y mae'n galw arnat'" (*B.C.N.*).

Cofnoda Ioan 16:33 i'r Iesu rybuddio'i ddisgyblion yn yr Oruwch Ystafell o'r gorthrymderau a ddeuai i'w rhan hwy yn y byd, gan frysio i ychwanegu: "Ond codwch eich calon, yr wyf fi wedi gorchfygu'r byd" (*B.C.N.*).

Yn yr unig enghraifft o'r gair y tu allan i'r Efengylau, yr Arglwydd eto sy'n llefaru. Y mae Paul wedi ei achub rhag dicter y Sanhedrin gan gapten y milwyr Rhufeinig yn Jerwsalem ac wedi ei gymryd, er mwyn diogelwch, yn garcharor i'r pencadlys. "Y noson honno, safodd yr Arglwydd yn ei ymyl, a dywedodd. 'Cod dy galon! Oherwydd fel y tystiolaethaist amdanaf fi yn Jerwsalem, felly y mae'n rhaid i ti dystiolaethu yn Rhufain hefyd'" (Actau 23.11, *B.C.N.*).

Gyda'i gilydd, y mae'r chwe hanes sy'n croniclo'r defnydd o THARSEI a THARSEITE yn awgrymu rhesymau pam y gall y Cristion fod wedi ei feddiannu gan hyder a chodi ei galon ym mhob amgylchiad. *Yn gyntaf*, y mae ganddo sicrwydd am faddeuant. Gŵyr y Cristion fod y pechod lleiaf yn gwbl annerbyniol gan Dduw ond fod y pechadur mwyaf yn dra derbyniol pan ddaw i eiriol am faddeuant. *Yn ail*, gall Cristion godi ei galon pan gofia am yr hyn gall ffydd ei wneud. Chwaraeodd ffydd y wraig ran bwysig yn ei hiachâd oherwydd fe'i cysylltodd â'r Gallu iachusol. Nid ein ffydd ni sy'n symud mynyddoedd - ond y mae'n ein dwyn i gysylltiad â'r Gallu sy'n eu symud. *Yn drydydd*, gall y Cristion godi ei galon yn ystod stormydd bywyd a disgwyl am yr Hwn a ŵyr

... am deulu'r tywydd garw,
A'i rai annwyl ar y môr.

Yn bedwerydd, mae'n galondid meddwl nad *clywed* llef y truan yn unig a wna'r Iesu, ond mae hefyd yn *galw* amdano - er bod yn rhaid wrth eraill i drosglwyddo'r neges ar adegau. *Yn bumed*, mae'r ffaith mai mewn Crist sydd eisoes yn fuddugoliaethus yr ymddiriedodd yn sicr o roi hwb i galon y Cristion. *Yn olaf*, calondid yw sylweddoli fod gan Grist ei gynlluniau a bod y credadun mwyaf distadl yn cael cyfle i gydweithio â Duw yn ei fwriadau ar gyfer y byd.

Mewn gair: Iesu Grist ei hun sy'n codi'n calon ni fel Cristnogion; neu fel y canodd y Ficer Prichard:

> Crist yw'r rhosyn coch o Saron,
> Sydd â'i liw'n comfforddi'r galon,
> Ac â'i 'roglau yn rhoi bywyd
> I'r trwm feddwl a'r gwan ysbryd.

Y COMISIWN MAWR

Mae Comisiwn Mawr yr Arglwydd ar ddiwedd Efengyl Mathew yn ddigon cyfarwydd inni yn yr hen gyfieithiad o'r Beibl:

> A'r Iesu a ddaeth ac a lefarodd wrthynt gan ddywedyd, 'Rhoddwyd i mi bob awdurdod yn y nef ac ar y ddaear. Ewch gan hynny a *dysgwch* yr holl genhedloedd, gan eu bedyddio hwy yn enw y Tad, a'r Mab, a'r Ysbryd Glân; *gan ddysgu* iddynt gadw pob peth a'r a orchymynnais i chwi. Ac wele, yr ydwyf fi gyda chwi bob amser hyd ddiwedd y byd' (28:18-20).

Er mai'r ferf *dysgu* a welir ddwywaith yn y cyfieithiad uchod, berfau gwahanol a geir yn y Roeg gwreiddiol, fel y dengys cyfieithiad William Edwards:

> ... *gwnewch ddysgyblion* o'r holl genhedloedd ... *gan ddysgu* iddynt gadw pob peth a'r a orchymynais.

Tebyg iawn yw cyfieithiadau Prifysgol Cymru, *Y Ffordd Newydd,* trosiad Islwyn Ffowc Elis o Efengyl Mathew i Gymraeg diweddar (1961) a'r *Beibl Cymraeg Newydd.* Yr unig gyfieithiad "modern" sy'n amrywio'n fawr yw eiddo John Williams, *Yr Oraclau Bywiol* (1842), lle gwelwn:

> Iesu á nesâodd, ac á ddywedodd wrthynt, Rhoddwyd i mi bob awdurdod yn y nef ac àr y ddaiar; ewch, *dychwelwch* yr holl genedloedd, gàn eu trochi hwynt i enw y Tad, a'r Mab, a'r Ysbryd Glan: gàn *ddysgu* iddynt gadw pob peth á orchymynais i chwi; ac wele! yr wyf fi gyda chwi bob amser, hyd ddybeniad y cyflwr hwn.

[Mae *Geiriadur Prifysgol Cymru* yn rhoi "peri tröedigaeth" fel ystyr posibl i *dychwelyd.*]

Modd gorchmynnol y ferf MATHETEUÔ yw'r gair a drosir i'r Gymraeg gan "dysgwch" yn y Beibl Cymraeg a chan yr ymadrodd "gwnewch ddisgyblion" yn y mwyafrif o'r cyfieithiadau diweddaraf. Mae'r ferf wedi ei bathu o'r enw MATHETES, "disgybl" - y ffugenw a ddewisodd John Jones, awdur *Geiriadur Beiblaidd* a oedd yn boblogaidd yn y bedwaredd ganrif ar bymtheg ddiwethaf. Mae'r gair MATHETES, yn ei dro, yn tarddu o'r ferf MANTHANÔ a gyfieithir "dysgu drwy ymchwil". Nid yw'n syndod felly fod MATHETES yn cael ei arfer am "brentis" mewn hen ddogfennau Groeg yn ogystal ag am "ddisgybl" yn y Testament Newydd.

Un wedi ei *brentisio* i'r Arglwydd Iesu Grist yw'r Cristion - fel, yn wir, y mae gan y Diafol hefyd ei brentisiaid, yn ôl *Screwtape Letters,* C.S.Lewis! Gwerth y ddelwedd o brentis yw ei bod yn rhoi pwyslais ar ymarfer yn ogystal â deall. Er hynny, nid y model o brentisiaeth a ddilynid yng ngwlad Groeg fyddai'r patrwm ym meddwl yr Arglwydd ei hun wrth siarad (mewn Aramaeg) â'i ddilynwyr, ond model y Rabbi a'i ddisgyblion. Wedi'r cwbl, mae prawf yn y Testament Newydd fod pobl yn ystyried ac yn galw'r Iesu wrth yr enw "Rabbi", er nad oedd patrwm bywyd disgyblion yr Arglwydd yn ffitio'n hollol i'r un patrwm ag eiddo disgyblion y Rabbi Iddewig.

(i.) Roedd hi'n arfer i ddisgybl dreulio cymaint o amser ag y medrai gyda'i athro - ond bywyd sefydlog oedd eiddo'r Rabiniaid tra, bod disgyblion yr Arglwydd yn gorfod crwydro'r wlad er mwyn bod yn ei gwmni ef, a hyn, yn ei dro, yn galw am ymdrech ac aberth ychwanegol ar ran ei ddilynwyr.

(ii.) At hynny, y disgybl fyddai'n chwilio am yr Athro yn y drefn Iddewig, ond yr Arglwydd ei hun a geisiodd ac a alwodd ei ddisgyblion, yn ôl y Testament Newydd.

(iii.) Addysg am y gyfraith a chymwysterau cyfreithiol a dderbyniai'r disgyblion gan y Rabbi Iddewig, ond cyfrinach bywyd oedd ar gynnig gan yr Iesu.

(iv.) Gwahaniaeth pwysig arall rhwng disgybl i'r Arglwydd a disgybl Rabbi oedd bod yr olaf yn dilyn ei athro am dymor yn unig ac yna'n ymadael, tra bod yr Arglwydd yn galw am ymrwymiad llwyr a oedd i barhau am oes.

Gwelir felly fod natur a llwyredd yr ymgyflwyniad i'w Hathro yn gwahaniaethu disgyblion yr Iesu oddi wrth ddisgyblion y Rabiniaid Iddewig.

Anogaeth Crist yn y Comisiwn Mawr yw "gwnewch ddisgyblion *o'r holl genhedloedd*" (cyfieithiad *Y Ffordd Newydd*), gan ddangos ei fod yn disgwyl i'w ddilynwyr ymdrechu am gamp aruthrol fawr:- dim llai nag ennill pawb yn y byd i ymgyflwyno'n llwyr iddo a bod yn brentisiaid iddo.

DIDASKÔ yw'r "dysgu" arall a welir yn yr hen gyfieithiad. Roedd llawer o eiriau Groeg am ddysgu at wasanaeth Mathew. Mae un o'r rheiny, KATECHEÔ, wedi rhoi inni yr enw am un math o hyfforddiant eglwysig, sef "catecism"; ac efallai ei bod yn syndod, ar yr olwg gyntaf, nad dyna'r gair a ddewisodd Mathew yma. "Dysgu ar lafar" yw prif ystyr KATECHEÔ, tra bod DIDASKÔ yn cael ei ystyried yn air mwy cyffredinol - efallai'n awgrymu fod y Cristion i ddysgu am Grist ymhob dull posibl. Ond dichon fod arwyddocâd arall i'r gair. Yn ôl y defnydd a wneir ohono yn y cyfieithiad Groeg o'r Hen Destament (lle'r ymddengys tua chant o weithiau), mae DIDASKÔ yn ymwneud â'r ewyllys yn ogystal â'r deall gan olygu fod addysgu yn ymwneud â'r dyn cyfan. Hynny yw, y mae cofleidio'r hyn a ddysg yr Eglwys am yr Iesu yn gadael ei ôl, nid yn unig ar y meddwl a'r deall, ond ar y cyfan o fywyd y Cristion.

COMISIWN A LLYTHYR –
APOSTOLÊ AC EPISTOLÊ

Nid pawb o arweinwyr Eglwys y Testament Newydd feddai'r hawl i'w alw'i hun yn "Apostol". Credai rhai nad oedd Paul yn Apostol ac mae'n amlwg i'w elynion gyhoeddi hyn ar led gan orfodi Paul i amddiffyn ei hawl i'r teitl yn ei lythyr at y Galatiaid:

> Paul, apostol - nid o benodiad dynion, na chwaith trwy awdurdod unrhyw ddyn, ond trwy awdurdod Iesu Grist a Duw Dad . . . (1:1 *B.C.N.*).

Ond nid Paul oedd yr unig un yr amheuid ei hawl i'w ystyried yn Apostol. Dengys y cyfeiriadau at "ffug apostolion" (2 Corinthiaid 11:13) a'r "rhai sy'n galw eu hunain yn apostolion a hwythau heb fod felly" (Datguddiad 2:2) fod Eglwys y Testament Newydd yn gorfod bod ar ei gwyliadwriaeth rhag twyllwyr - a hynny, mae'n debyg, am fod i'r Apostol statws a pharch arbennig yn yr eglwysi. Nid yw'n syndod, felly, fod y Testament Newydd yn nodi cymwysterau'r Apostol. Rhaid oedd iddo fod wedi gweld y Crist Atgyfodedig a derbyn comisiwn ganddo i fod yn dyst o'r Atgyfodiad ac i bregethu'r efengyl (Actau 1:21-26; 1 Corinthiaid 9:1-2, 15.3-11; Galatiaid 1:12,16). Ond nid oedd hynny'n ddigon, chwaith, oherwydd disgwylid hefyd "arwyddion apostol", sef "gwyrthiau a rhyfeddodau a gweithredoedd nerthol" (2 Corinthiaid 12:12).

Y mae'r gair Cymraeg "Apostol" yn tarddu'n uniongyrchol o'r gair Groeg APOSTOLOS sydd, yn ei dro, yn dod o'r ferf APOSTELLÔ, *danfonaf i ffwrdd, comisiynaf*. Un wedi ei ddanfon neu ei gomisiynu, felly, yw'r Apostol; hynny yw, *negesydd, cynrychiolydd, cennad, dirprwy*. Ond ceir enghreifftiau o'r gair mewn Groeg secwlar yn cyfeirio at *lyngesydd* - un a gomisiynwyd i fod yn gyfrifol am y llynges - a swyddogion eraill a gomisiynwyd ac a dderbyniodd awdurdod i weithredu dros eraill. Yn wir, yn y papurfrwyn ceir rhai enghreifftiau o'r gair yn golygu *llong*, sef y llestr a ddanfonir i gludo negeseuau ar draws y môr.

Y mae'r gair APOSTOLOS yn wahanol i lawer o eiriau mawr Cristnogaeth gan fod y defnydd ohono yn y Septuagint, y cyfieithiad Groeg o'r Hen Destament, yn brin. Ddwywaith yn unig yr ymddengys yno - yn 1 Brenhinoedd 14:6 ("apostol newyddion drwg") ac Eseia

18:2 - gan gyfieithu dau air Hebraeg gwahanol. Er hynny, y mae ysgolheigion yn gytûn yn y gred mai delwedd Iddewig sy'n cyfateb i ddefnydd y Testament Newydd o APOSTOLOS. Gwnâi Iddewon ddefnydd o "*shaliach*", sef cennad neu gynrychiolydd awdurdodedig. Mewn Iddewiaeth gallai'r "*shaliach*" gynrychioli naill ai unigolyn (brenin) neu gorff o bobl (megis synagog neu lys). Derbyniai gomisiwn i gyflawni tasg benodol megis cyflwyno dogfennau cyfreithiol, casglu arian, arwain addoliad, ac ati. Fodd bynnag, dywed y Mishnah (casgliad o ddraddodiadau a chyfreithiau Israel sy'n dyddio o'r ail ganrif O.C.) fod awdurdod y "*shaliach*" yn gyfyngedig i dermau'r comisiwn y penodwyd ef i'w gyflawni. Ac os na fedrai gyflawni'r dasg honno ei hun - beth bynnag y rheswm am ei fethiant - ni feddai ef ei hun yr hawl i drosglwyddo'i awdurdod i neb arall. [Os pwysir yn ormodol ar y gyffelybiaeth rhwng yr APOSTOLOS a'r "*shaliach*", beth sy'n digwydd i'r gred mewn Olyniaeth Apostolaidd?]

Y mae gan y Testament Newydd syniad aruchel am yr Apostol a'i gomisiwn - gelwir Iesu'n Apostol yn Hebreaid 3:1 - ac nid yw'n syndod fod yr Eglwys yn wyliadwrus ac yn gwrthod caniatáu i bawb ddefnyddio'r teitl. Ychydig o wŷr dethol yn unig a feddai'r hawl i'w galw'u hunain yn Apostolion; ond mae Paul - a oedd mor falch o'r comisiwn (yr APOSTOLÊ) a'i gwnâi ef yn Apostol - yn talu teyrnged uchel i Gristnogion cyffredin Corinth drwy ddweud fod pob un ohonynt hwy yn EPISTOLÊ (2 Corinthiaid 3:3). Os mai ychydig a feddai'r hawl i fod yn *apostol*, gall pawb fod yn *epistol* - a'r un yw'r neges mae'r ddau yn cludo!

Yr un gwreiddyn sydd i'r geiriau "apostol" ac "epistol", sef y ferf STELLÔ, *danfonaf.* Yr arddodiad a roddir o flaen y ferf sy'n gyfrifol fod un gair yn tynnu sylw at yr awdurdod y tu ôl i'r danfon, tra bod y llall yn tynnu sylw at y cyfrwng a ddefnyddir i ddanfon.

Yn y gyfrol tra gwerthfawr, *Y Flodeugerdd o Ddyfyniadau Cymraeg* (1988), y mae'r golygydd, Alan Llwyd, yn cynnwys ymhlith llu o ddyfyniadau o "Awduriaeth Anhysbys neu Amheus" y canlynol:

> Nid yw ffydd heb feddwl a myfyrio amdani ond megis llythyr wedi'i gau a'i selio, lle mae'n ysgrifenedig newyddion mawr o lawenydd neu dristwch; ac eto nid yw'r llythyr yn llawenu nac yn tristáu ddim arnom, am nad ydym yn agoryd y llythyr ac yn ei ddarllen.

Diau y cytunai Paul, er mai pwyslais ychydig yn wahanol sydd ganddo yn yr ail epistol at y Corinthiaid. Nid gweld ffydd fel llythyr personol i'w ddarllen gan yr unigolyn a wna yn 2 Corinthiaid 3:3, ond gweld ffydd a bywyd y Cristion fel llythyr agored i'w ddarllen gan eraill.

CYFLE - APHORMÊ

Mewn man arall rŷm ni'n trafod y gair OPSONION (*cyflog*) a welir yn Rhufeiniad 6:23, gan ddangos mai gair milwrol ydyw yn golygu "dogn milwr". Mae'n amlwg fod yr Apostol Paul yn gweld y bywyd Cristnogol yn nhermau brwydr rhwng y da a'r drwg a dichon mai dyna pam y mae mor hoff o ddefnyddio geiriau milwrol sydd i'w gweld dro ar ôl tro yn ei lythyrau. Yn wir, y mae un o'i gymariaethau mwyaf enwog yn defnyddio gwisg ac arfau'r milwr Rhufeinig wrth iddo annog ei gyd-Gristnogion i wisgo amdanynt holl arfogaeth Duw (Effesiaid 6:13-17).

Gair milwrol, yn y bôn, hefyd yw'r gair APHORMÊ a ddefnyddir yn Rhufeiniaid 7:8 (ac a welir chwe gwaith arall yn y Testament Newydd - bob tro mewn epistolau a briodolir i'r Apostol):

Eithr pechod, wedi cymryd *achlysur* trwy y gorchymyn, a weithredodd ynof fi bob trachwant (B.C.).

Eithr pechod, wedi cael *cychwyniad* trwy y gorchymyn, a weithiodd yn rymmus ynof fi bob trachwant (Cyfieithiad William Edwards).

A thrwy'r gorchymyn hwn cafodd pechod ei *gyfle*, a chyffroi ynof bob math o chwantau drwg (*B.C.N.*).

Rhoddodd y gorchymun *broc* i bechod ac ennynodd pechod ynof bob math o drachwant (aralleiriad W.B.Griffiths yn *Yr Epistol at y Rhufeiniaid*, 1955).

Dadleua Paul mai'r Gyfraith a roes i ddyn wybodaeth am bechod ond bod pechod wedi cymryd mantais o'r Gyfraith a gwneud APHORMÊ ohono. *Achlysur* pechod yw'r Gyfraith i'r Apostol, ac nid *achos* pechod.

Cyfuniad yw APHORMÊ o'r geiriau APO (*oddi wrth*) a HORMÊ (*ymosodiad, cyrch*) ac meddai William Edwards mai ei ystyr llythrennol yw "lle o'r hwn y gwneir rhuthr, neu ymosodiad." Atega Dafydd G. Davies hyn yn ei esboniad ar y llythyr at y Rhufeiniaid, *Dod a Bod yn Gristion*:

Y mae'r gair 'cyfle' [APHORMÊ] yn un diddorol ac arwyddocaol yn y cyswllt hwn. Ei ystyr gwreiddiol ydyw 'man cychwyn' (*'base of operations'*), a defnyddir ef am fyddin yn dechrau ymosod. Nid syn i rywrai gyfeirio ato fel 'pont' y gall byddinoedd pechod ymdeithio drosti wrth ymosod ar y dioddefwr.

Efallai mai'r gair gorau i'w ddefnyddio i drosi APHORMÊ fel term milwrol yw'r gair Saesneg *"bridgehead"* - y gair a ddefnyddir pan yw byddin wedi cael glanfa ar dir gelyn a chyfle *oddi yno* i ehangu ei gafael a choncro a difa'r wlad oddi amgylch.

Nid awgrymu a wna Paul yn Rhufeiniaid 7:8 fod y Gyfraith yn ddrwg, ond cwyno fod pechod yn meddu'r ddawn i droi rhywbeth da i'w fantais ei hun. Gyda phechod bob amser yn barod i ymosod ar ddyn - a'i ladd yn y pendraw - y mae'r Apostol yn dadlau fod y Gyfraith yn rhoi man cychwyn (*"bridgehead"*) i'r ymosodiad hwn gan fod natur wrthnysig dyn yn peri iddo ddewis gwneud yr hyn a waherddir yn hytrach na'i osgoi. Y mae'r Gyfraith yn dangos beth sy'n ddrwg - a phechod yn twyllo pobl i'w gofleidio yn hytrach na chilio rhagddo. Gwyddai'r Apostol hyn i gyd yn dda o'i brofiad ef ei hunan: "Oherwydd trwy'r gorchymyn cafodd pechod ei gyfle [APHORMÊ], twyllodd fi, a thrwy'r gorchymyn fe'm lladdodd" (*B.C.N.* adnod 11).

Yn Epistol Cyntaf Timotheus y mae'r Apostol eto yn rhybuddio am y perygl o roi cyfle i bechod i niweidio'r Deyrnas. Y tro hwn awgrymu y mae y gall ymddygiad difeddwl gweddwon ifainc yn yr Eglwys rhoi man cychwyn [APHORMÊ] i ymosodiad Satan ar y Ffydd. Dyna pam yr ysgrifennodd: "Fy nymuniad, felly, yw bod gweddwon iau yn priodi a magu plant a chadw tŷ, a pheidio â rhoi cyfle [APHORMÊ] i unrhyw elyn i'n difenwi. Oherwydd y mae rhai gweddwon eisoes wedi mynd ar gyfeiliorn..." (*B.C.N.* 1 Timotheus 5:14).

Ymhellach, meddai Paul, ei fwriad yntau pan wrthododd â bod yn faich ar aelodau'r eglwys yng Nghorinth oedd rhwystro'i elynion ef ei hunan (y ffug apostolion) rhag cael tir i sefyll arno, a *man cychwyn* i'w hymosodiad hwy arno ef fel apostol. Gwnaeth hynny hyd yn oed pan oedd mewn gwir angen. Derbyniodd gymorth oddi wrth "y brodyr a ddaeth o Facedonia" ac ymdrechodd i'w gynnal ef ei hunan drwy ddilyn ei grefft fel gwneuthurwr pebyll "rhag bod yn dreth arnoch" (2 Corinthiaid 11:7ff). Gwnaeth hyn yn benodol "er mwyn dwyn eu *cyfle* [APHORMÊ] oddi ar y rhai sydd yn ceisio *cyfle* [APHORMÊ] ... i gael eu cyfrif ar yr un tir â minnau" (*B.C.N.* 2

Corinthiaid 11:12).

Ond os yw pechod a Satan a gelynion personol yn gallu manteisio ar gyfleoedd a ddaw i'w rhan hwy, yn yr un modd, meddai'r Apostol, gall y Deyrnas fanteisio ar fannau cychwyn i'w hymosodiad hithau ar y drwg. Cred fod ei fywyd ef ei hunan wedi rhoi cyfle i bobl Corinth i ymffrostio yn yr hyn y gall yr Efengyl ei gyflawni. Ond wrth fentro'i rhoi ei hun fel enghraifft, pwysleisia, "Nid ydym yn ein cymeradwyo ein hunain unwaith eto, ond rhoi *cyfle* [APHORMÊ] yr ydym i chwi i ymffrostio o'n hachos ni..." (*B.C.N.* 2 Corinthiaid 5:12).

Neges y cyfan yw ei bod hi'n ddyletswydd arnom ni i beidio â rhoi i bechod a drwg unrhyw fath o gyfle (*"bridgehead"*) yn ein bywydau; ond, ar yr un pryd, rhaid i ni wneud ein gorau glas i sicrhau ein bod yn creu cyfle (yn ennill *man cychwyn*, yn diogelu *"bridgehead"*) i'r Efengyl.

CYHOEDDI'R EFENGYL - KERUSSÔ

Synnais, yn ddiweddar, pan soniodd rhywun wrthyf am gapel ar gyrion dinas Caerdydd yn perthyn i enwad y Bedyddwyr lle mae'n well gan y gynulleidfa i bregethwyr *beidio* â defnyddio'r pulpud. Tŷ cwrdd gwledig yn perthyn i'r Bedyddwyr Cymraeg fu'r capel hwnnw am ganrif a mwy ac roedd yr achos ar ddirwyn i ben ychydig flynyddoedd yn ôl pan ddechreuwyd datblygu'r pentref cyfagos a chwyddwyd y gynulleidfa gan nifer dda o'r di-Gymraeg a ddaeth i fyw yn y tai newydd. Erbyn hyn y mae'r hen dŷ cwrdd ar gyrion ystâd o dai sydd megis treflan fechan ac mae'r eglwys sy'n addoli yno yn dra llewyrchus wrth wasanaethu Saeson uniaith - llawer ohonynt yn newydd yn y Ffydd. Ystyrir yr adeilad yn hen-ffasiwn gan fwyafrif y gynulleidfa bresennol a'r gobaith yw cael adeilad modern, canolog, maes o law. Mae'n annhebyg y rhoir pulpud yn y tŷ cwrdd newydd pan ddaw, ac yn y cyfamser awgrymir i bregethwyr ar ymweliad ei bod yn fwy cyfeillgar ac agos-atoch i beidio â dringo i'r pulpud i gyhoeddi'r Efengyl!

Y cwestiwn sy'n codi yw: A ddylai pregethu fod yn rhywbeth cyfeillgar ac agos-atoch?

Os barnwn wrth y ferf a gysylltir *amlaf* yn Testament Newydd gyda'r gair EUANGELION (*efengyl, newyddion da*), yr ateb pendant i'r cwestiwn yw: Na ddylai! Y ferf honno yw KERUSSÔ (*cyhoeddi*), berf a welir yn fersiwn Marc o'r comisiwn mawr: "Ewch i'r holl fyd a *phregethwch* yr Efengyl i'r greadigaeth i gyd" (16.15, *B.C.N.*).

Berf yw KERUSSÔ a ffurfiwyd o'r enw KERUX (*herald, herodr, rhagflaenydd, rhagredegydd, cyhoeddwr*). Yn yr hen fyd yr oedd y KERUX yn ŵr o awdurdod a ddygai genadwri swyddogol at y bobl oddi wrth y brenin neu'r awdurdodau sifil neu filwrol. Yr oedd yn swyddog o bwys a gyhoeddai neges y disgwylid i'r bobl wrando arni ac ymateb drwy ufuddhau iddi. Ystyr KERUSSÔ, felly, yw *cyhoeddi gydag awdurdod mewn ffordd a fydd yn ennyn ymateb ac ufudd-dod* - ac onid dyna hefyd a ddisgwylir o bulpud?

Ni wnâi'r Piwritaniaid y camgymeriad o feddwl am bregethu fel rhywbeth cyfeillgar ac agos-atoch! Cyngor Richard Baxter i bregethwr un tro oedd:

>Screw the truth into men's minds;

a thro arall:

>If a hardened heart be to be broken, it is not stroking but striking
>that must do it.

A thebyg oedd syniadau John Flavel am bregethu:

>An hot iron, though blunt, will pierce sooner than a cold one
>though sharper.

Ac meddai James Stewart, sy'n fwy cyfoes na'r lleill:

>The Gospel is declaration, not a debate.

Ond er y flaenoriaeth a rydd y Testament Newydd i gyhoeddi'r Efengyl gydag awdurdod (KERUSSÔ), nid dyma'r unig ferf a gysylltir ag EUANGELION. Sylweddolodd awduron y Testament Newydd nad oes pulpud neu lwyfan ar gael bob amser - ond nid yw'r cyhoeddi i beidio oherwydd diffyg felly. Dwy ferf ddiddorol a gysylltir gyda EUANGELION yw DIAMARTUROMAI yn Actau'r Apostolion a LALEÔ yn yr Epistol Cyntaf at y Thesaloniad.

MARTUS (*tyst, merthyr*) yw gwreiddyn y gair DIAMARTUROMAI a ddefnyddiodd Paul deirgwaith yn ei anerchiad wrth ffarwelio â henuriaid Effesus yn Actau 20:18-35, gan gydio'r ferf ag EUANGELION yn adnod 24. Yno mae'n sôn am ei awydd i gwblhau ei yrfa a'r weinidogaeth a gafodd gan Grist "i *ddwys dystiolaethu* am efengyl gras Duw" (*Cyfieithiad Prifysgol Cymru*). Y mae ffurf y ferf Roeg gyda'i rhagddodiad DIA- yn dwysáu yr ystyr o *dystiolaethu* ac yn awgrymu *gwneud rhywbeth yn drylwyr*. Yn wir, byrdwn y paragraff ar ei hyd yw i fywyd yr Apostol Paul ategu tystiolaeth ei bregeth. Yn ei dro lled-awgryma hyn fod bywyd Paul hefyd yn bregeth - a daw i gof gwpled William Morris i Tom Nefyn, un o bregethwyr mawr Cymru yn y ganrif ddiwethaf:

>Ac o'i bregethau i gyd
>Y fwyaf oedd ei fywyd.

Rhaid i fywyd pregethwr ategu ei bregethau fel y mae bywyd pob aelod o'r Eglwys i ategu ei gyffes.

Dichon y gellid dadlau fod KERUSSÔ a DIAMARTUROMAI yn tueddu i bellhau aelod cyffredin oddi wrth unrhyw gyfrifoldeb am gyhoeddi'r Efengyl; nid felly LALEÔ. Mae'n wir mai Paul sy'n defnyddio'r gair wrth ddwyn i gof i'r Thesaloniaid y modd y bu iddo "*lefaru* wrthych efengyl Duw" (1 Thes. 2:2, cyfieithiad William Edwards), er gwaethaf eu gwrthwynebiad; ond gair yn perthyn i gyfathrach beunyddiol y werin yw LALEÔ - yn cyfateb i *sgwrsio, ymgomio, clebran,* y Saesneg "*chatting*". (Diddorol sylwi mai dyma'r ferf a ddefnyddia'r Testament Newydd yn aml pan yw'n sôn am *bregethu*'r Iesu.)

Nid oes amheuaeth y byddai'r Efengyl yn cael lle mewn ymgom a sgwrs gan y Cristnogion cynnar, ac hyd yn oed os na feddwn ni'r ddawn i lunio pregeth na sefyll o flaen cynulleidfa, ni ddylai hynny fod yn rwystyr inni chwilio cyfle i "ddweud gair" o blaid yr Arglwydd mewn sgwrs. Wedi'r cwbl, y mae pob math o ddigwyddiadau a diddordebau yn cael lle yn ein sgyrsiau - rygbi, pêl-droed, rhaglenni teledu, ffilmiau, gwleidyddiaeth, gwyliau, y teulu, ac ati - pam na ddylai'r Efengyl gael ei chrybwyll yn ein sgwrs hefyd?

DIACON - DIAKONOS

Fe welir y gair DIAKONOS ddeg ar hugain o weithiau yn y Testament Newydd Groeg, eithr dim ond rhyw deirgwaith y mae'r rhan fwyaf o'r cyfieithiadau yn arfer y gair "diacon" i'w gyfieithu (sef Philipiaid 1:1; a 1 Timotheus 3:8,12) - *gwas* neu *gweinidog* yw'r dewis ar adegau eraill. Ochr yn ochr â DIAKONOS, y mae'r Testament Newydd yn defnyddio nifer o eiriau lliwgar: DOULOS (*gwas, caethwas* - disgrifiad Paul ohono'i hun a Timotheus yn Philipiaid 1:1); LEITOURGOS (*gweinidog*, sef un sy'n rhoi gwasanaeth i'r cyhoedd - disgrifiad Paul ohono'i hun yn Rhufeiniaid 15:16); MISTHIOS neu MISTHOTOS (*gwas cyflog*, Ioan 19:12, &c.); a HUPERETES (yn wreiddiol "y gwas oedd yn gweithio tan rywun arall", yn llythrennol *is-rwyfwr* ar long ryfel - disgrifiad Paul ohono'i hun ac eraill a wasanaethodd yr eglwys yng Nghorinth yn 1 Corinthiaid 4:1).

Pan yn sôn wrth ei fyfyrwyr am y gair DIAKONOS, arferai'r Prifathro Tom Ellis Jones gyfeirio at yr awgrym ei fod yn tarddu o ddau air Groeg DIA- (*trwy*) a KONIS neu KONIOS (sy'n golygu baw neu lwch). Yn ôl y ddamcaniaeth hon, ystyr llythrennol y gair yw *trwy'r llwch* neu *trwy'r baw* a'r darlun a awgryma yw hwnnw o was yn cerdded drwy faw y ffordd yn arwain march neu gamel ei feistr a'i arglwydd. Roedd y meistr, felly, yn marchogaeth yn uchel uwchlaw'r llwch i gyd, a'i wisg yn ddilychwin. Yng ngwasanaeth ei feistr, ac er mwyn anrhydedd ei arglwydd, yr oedd y gwas yn fodlon ymostwng i'r baw, a difwyno'i gorff a'i ddillad ei hun. Ac roedd y parodrwydd hwn i ymostwng yn arwydd o fawredd yn ôl yr Iesu, oherwydd "... pwy bynnag sydd am fod yn fawr yn eich plith, rhaid iddo fod yn was [DIAKONOS] i chwi" (Mathew 20:26).

Yr oedd Tom Ellis Jones yn ormod o ysgolhaig i gredu ei bod yn gywir i olrhain y gair DIAKONOS yn ôl i DIA-KONI[O]S; ond yr oedd, hefyd, yn ormod o bregethwr i golli'r cyfle o ddod o hyd i ddarlun byw a allai egluro ystyr gair Beiblaidd! Felly, er bod yr awgrym am darddiad y gair DIAKONOS yn anghywir, y mae'r syniad am was yn ymostwng a gwneud popeth er mwyn anrhydedd ac urddas ei arglwydd yn crynhoi i'r dim waith y "diacon", pa un a yw'n swyddog o fewn i'r eglwys, ai peidio.

Ond â'r swyddog eglwysig y mae a fynnom ni yn y nodiadau hyn.

Er syndod i lawer, ni welir y cyfeiriad cyntaf at ddiaconiaid yn y Testament Newydd Cymraeg tan fod Paul yn ysgrifennu at y Philipiaid (1:1) - er bod rhai yn dadlau nad at swyddi y mae Paul yn cyfeirio yno, ond at yr holl eglwys "yn oruchwylwyr a gwasanaethwyr". Cyfieithiad Hort o'r ymadrodd yw: "with them that have oversight, and them that do service." Trosiad y *Beibl Cymraeg Newydd* o'r adnod yw: "Paul a Timotheus, gweision Crist Iesu, at yr holl saint yng Nghrist Iesu sydd yn Philipi, ynghyd â'r esgobion a'r diaconiaid."

Nid oes sôn o gwbl am "ddiaconiaid" yn Llyfr yr Actau, er bod llawer yn credu mai dewis diaconiaid a wnaeth yr eglwys yn Jerwsalem yn y cyfnod pan fu "grwgnach gan yr Helenistiaid yn erbyn yr Hebreaid, am fod eu gweddwon hwy yn cael eu hesgeuluso yn y ddarpariaeth feunyddiol." Mewn ymateb i'r gŵyn, gorchmynnodd yr Apostolion ethol saith o wŷr "ac iddynt air da, yn llawn o'r Ysbryd ac o ddoethineb ... i weini wrth fyrddau" (gwêl Actau 6:1-6). Ni elwir y Saith yn ddiaconiaid ond, oherwydd y digwyddiad hwn, arferiad llawer o eglwysi ymneilltuol yw ethol saith diacon bob tro y mae'n rhaid ychwanegu at nifer y rhai sydd yn y sedd fawr.

Ymddengys y ferf DIAKONEÔ yn y darn sy'n sôn am ethol y Saith a hynny, ynghyd â'r cyfeiriad at "weini wrth fyrddau", sy'n gyfrifol am gysylltu'r digwyddiad wrth ethol diaconiaid, er bod Austin Farrer yn mynnu mai am ethol henuriaid y sonia Actau 6:1-6. Ar y llaw arall, y mae Dieter Georgi wedi dadlau fod DIAKONOS yn gallu golygu *negesydd* ac mai ei ystyr arferol yn y Testament Newydd yw *pregethwr*; tra bod J. N. Collins yn dweud nad *gweini wrth fyrddau* yw prif ystyr DIAKONEÔ, ond *gweithredu fel asiant, "go-between".*

Beth, felly, oedd gwaith diacon? Y drydedd bennod o lythyr cyntaf Paul at Timotheus yw'r darn o Ysgrythur sy'n sôn fwyaf am ddiaconiaid. Er hynny, nid ar eu swydd o fewn i'r eglwys y canolbwyntir, ond ar eu cymeriad a chymeriad eu teuluoedd, ynghyd â'r angen i'w rhoi "ar brawf ar y cychwyn, ac yna o'u cael yn ddi-fai, caniatáu iddynt wasanaethu" (1 Tim 3:10). Nid yw'r Testament Newydd yn dweud yn unman, "Dyma beth yw diacon, a dyma a ddisgwylir iddo'i wneud!"

Y mae rhai ysgolheigion yn mynnu mai cyflawni swydd diacon (neu ddiacones) yr oedd y gweddwon y sonia 1 Timotheus 5:3-16 amdanynt. Meddai Geiriadur Thomas Charles: "Yn ôl arferion gweddus y gwledydd hyny, yr oedd y cyfryw weinidogion yn angenrheidiol hepgorol." Dadleua William Edwards mai cyfeiriad at "Urdd y Gweddwon" a geir yn 1 Timotheus 3:11, ac nid gyfeiriad at wragedd y diaconiaid. Meddai:

> Nid gwragedd y Diaconiaid [y sonia'r adnod amdanynt] ond y dosparth defnyddiol yn yr Eglwys Foreuol, y Diaconesau, y rhai a gyflawnent waith mewn cysylltiad â'r gwragedd fel y gwnelai y Diaconiaid yn eu perthynas â'r gwŷr. Cyfeirir yma at swyddogion eglwysig.

Yn ôl cyfieithiad William Edwards yr oedd Phebe yn "ddiacones yr eglwys sydd yn Cenchrea" (Rhufeiniaid 16.1) ac ychwanega mewn nodyn gwaelod-y-ddalen:

> Tebygol ei bod yn llanw swydd neillduol, ac nad yw y gair yn sefyll am wasanaeth cyffredinol. Ei gwaith, yn ddiammheu, oedd gweini i'r cleifion, y tlodion, ac eraill. Daeth urdd o ddiaconesau i'r eglwys yn foreu, a gwnaethant wasanaeth mawr (gweler I Tim. v.3-16).

Y mae William Edwards ymlaen ar y mwyafrif o gyfieithiadau yn hyn o beth - er bod *Yr Oraclau Bywiol* yn galw Phebe'n "weinidoges". "Gweinidog" oedd Phebe yn ôl cyfieithiad William Morgan. "Phebe ... sydd yn gwasanaethu'r eglwys yn Cenchreae" yw trosiad y *Beibl Cymraeg Newydd* o'r adnod, er bod y Roeg yn dweud yn glir mai DIAKONON (modd gwrthrychol yr enw DIAKONOS) oedd Phebe. Hynny yw, er bod y Testament Groeg yn dweud yn glir mai "diacon" (nid "diacones"!) oedd y wraig o Genchreae, myn y cyfieithwyr ei bod yn rhywbeth gwahanol. Pam tybed? Ai am ei bod yn rhy gynnar i'r ddiaconiaeth fod wedi datblygu'n swydd neu'n urdd, fel yr awgryma Dafydd G.Davies yn *Dod a Bod yn Gristion*? Neu ynteu, ai cynllwyn ydyw gan y dynion i rwystro'r gwragedd rhag cael eu lle priodol yn yr Eglwys?!

DIRGELWCH – MUSTÊRION

Y gair Groeg MUSTÊRION a roes i'r Saeson y gair "*mystery*". Fe ddigwydd 28 gwaith yn y Testament Newydd Groeg: unwaith yn yr Efengylau Cyfolwg ar wefusau'r Iesu, lle mae'r mwyafrif o'r cyfieithwyr Cymraeg yn dewis *cyfrinach* i'w gyfieithu, er i Salesbury ffafrio *dirgeledigaeth*; pedair gwaith yn y Llyfr Datguddiad, lle caiff ei drosi gan y gair *dirgelwch*; ac 21 o weithiau yn yr epistolau a briodolir i Paul, lle defnyddir *dirgelwch, dirgelion* ac ati.

Mae'n bwysig cofio, er hynny, nad yr un peth yw dirgelwch y Testament Newydd i'r hyn a olyga'r gair i ni. Dirgelwch i ni yw'r peth hwnnw na allwn ni ei ddeall na'i esbonio; er enghraifft, beth a ddigwyddodd i'r *Mary Celeste* a ddarganfuwyd ar yr Iwerydd ar ddiwedd 1872, ei hwyliau i fyny, bwyd ar y byrddau yn barod i'w fwyta, ond neb ar fwrdd y llong? Ond y mae arlliw o'r ystyr a roddai'r Hen Roegiaid i'r gair ar y defnydd o MUSTÊRION yn y Testament Newydd. Arferid y gair yn wreiddiol mewn perthynas â "gwirioneddau" cuddiedig cyfrin-grefyddau'r Hen Fyd. Ni allai neb ddeall na gwybod y gwirioneddau hyn hyd nes iddo gael ei hyfforddi yn yr egwyddorion dirgel a'r arferion cêl yn perthyn i'r grefydd – rhywbeth yn debyg i'r dirgelwch sy'n cylchynu'r Seiri Rhyddion ym meddwl y mwyafrif ohonom!

I awduron y Testament Newydd, felly, dirgelwch yw'r peth hwnnw sy'n anhysbys ar hyn o bryd ond y gellir ei wybod pan gawn yr hyfforddiant priodol. Eu hargyhoeddiad hwy oedd bod Duw, yn ei amser a'i ffordd ei hun, yn datguddio yr hyn na fedr dyn ei wybod na'i ddarganfod drwy ei ymdrechion ef ei hun. Neu, a defnyddio geiriau'r Iesu: "... nid oes dim *dirgel* na ddatguddir, na dim cuddiedig na wybyddir ac na ddaw yn gyhoeddus" (Luc 8:17, *Oraclau Bywiol*). Crynhodd Paul, hefyd, ystyr y gair yn y mawlwers sy'n cloi ei Epistol at y Rhufeiniaid. MUSTÊRION yw'r

> ...*dirgelwch* a fu'n guddiedig ers oesoedd maith, ond sydd yn awr wedi ei amlygu trwy'r ysgrythurau proffwydol, ac wedi ei hysbysu ar orchymyn y Duw tragwyddol i'r holl Genhedloedd... (16:25-6, *B.C.N.*).

[Yng nghyfieithiad Salesbury o'r adnodau hyn, ei ymadrodd ef am

MUSTÊRION yw *"yr hwn vu gyfrinachol".*]

Yn 1 Corinthiaid 2:6-16 y mae Paul yn dangos fel y mae Duw yn tywys dynion i wybodaeth o'r dirgelion trwy'r Ysbryd Glân – a gwelir yn glir nad gwybodaeth yn cael ei orchuddio yw dirgelwch y Testament Newydd, ond gwirionedd yn aros iddo gael ei ddatguddio. Dirgelwch *fu* cymeriad Duw tan iddo'i ddatguddio ei hun i ddynion ym mywyd a gwaith Iesu Grist (Colosiaid 2:2) a gelwir ar y rhai a oleuwyd i rannu'r datguddiad hwn (1 Corinthiaid 2:1; Colosiaid 4:3) a'r wybodaeth am drefn iachawdwriaeth (Colosiaid 1:27).

Nid rhyfedd, felly, i William Williams ganu;

> O! iachawdwriaeth gadarn,
> O! iachawdwriaeth glir;
> Fu dyfais o'i chyffelyb
> Erioed ar fôr na thir:
> Mae yma ryw ddirgelion,
> Rhy ddyrys ynt i ddyn,
> Ac nid oes all eu datrys
> Ond Duwdod mawr ei hun.

DOGN MILWR - OPSÔNION

Y mae OPSÔNION yn un o eiriau bach diddorol y Beibl. Fe'i gwelir bedair gwaith ar dudalennau'r Testament Groeg - tair gwaith yn llythyrau Paul (Rhuf 6:23; 1 Cor. 9:7; 2 Cor. 11:8) ac unwaith yng nghofnod cydymaith Paul o'r ateb a roes Ioan Fedyddiwr i ymholiad rhan o'i gynulleidfa ar lan yr Iorddonen (Luc 3:14).

"Cyflog" yw'r trosiad Cymraeg amlaf o'r gair OPSÔNION - ond defnyddir "cyflog" hefyd i drosi MISTHOS (er enghraifft, *yn yr hen gyfieithiad* ym Mat. 20:8 a Ioan 4:36 ac *yn y cyfieithiad newydd* yn Luc 10:7 a Iago 5:4, ac ati). Mynnai William Edwards yn ei lyfr *Ystyriaethau ar Ddiwygiad o'r Testament Cymraeg* (1882) mai tlodi'r Gymraeg o'i chymharu â'r Roeg oedd yn gorfodi'r cyfieithwyr i arfer un gair Cymraeg am ddau (a mwy) o eiriau'r iaith Roeg. Dadleuai Edwards o blaid "y dymunoldeb o arddangos yr amrywiaeth a ganfyddir yn y testun gwreiddiol" drwy ddefnyddio geiriau Cymraeg gwahanol wrth drosi; ond, cyfaddefai:

> rhaid i ni gyffesu ei thlodi [sef y Gymraeg] pan yn ei gosod yn ymyl yr iaith Roeg, yr hon sydd mor llawn a chyfoethog, a'i gweled yn analluog i osod allan mewn geiriau syml a chynhwysfawr y meddyliau goruchel a'r gwirioneddau gwerthfawr ydynt drysoredig yn y gwreiddiol.

Yn wir, pan aeth ati ei hun i drosi'r Testament Newydd o'r Roeg i'r Gymraeg methodd William Edwards â gwahaniaethu rhwng OPSÔNION a MISTHOS; ac er na ellir dadlau fod y methiant hwn o'i eiddo ef a chyfieithwyr eraill yn gorchuddio rhyw feddyliau aruchel a gwirioneddau mawrion yn achos y geiriau hyn, eto y mae'n difetha blas arbennig y gwreiddiol. Fe ddichon ei fod hefyd yn gwanhau ergyd yr awdur.

Gair ag iddo flas milwrol yw OPSÔNION gan ei fod yn cael ei arfer gan amlaf am *ddogn neu dâl y milwr*. Gwreiddyn y gair yw OPSÔN, sef *cig wedi berwi,* ac wedyn, *bwyd.* Cyfunwyd OPSÔN â'r ferf ONEOMAI *(prynu)* ac arferwyd ef am *ymborth, lluniaeth, "provisions".* Y cam nesaf oedd cysylltu'r gair â'r lluoedd arfog ac er mai "cyflog" yw ei drosiad ef o OPSÔNION yn Rhuf. 6.3, eglura William Edwards mewn nodyn ar waelod y ddalen sut y datblygodd y gair ei arlliw milwrol. Dywed iddo gael ei arfer am

y *bwyd* a roddid i'r milwyr yn lle cyflog, yn enwedig *pysgod*.

Yna, *taliad* am wasanaeth milwrol ...

Y mae cysylltiadau milwrol y gair yn amlwg yn nefnydd y Testament Newydd ohono yn Luc a 1 Corinthiaid: "Byddai dynion ar wasanaeth milwrol hefyd yn gofyn iddo [Ioan Fedyddiwr], 'Beth a wnawn ninnau?' Meddai wrthynt, 'Peidiwch ag ysbeilio neb trwy drais neu gamgyhuddiad, ond byddwch fodlon ar eich *cyflog* (OPSÔNIOIS).'" (*BCN,* Luc 3:14) A "Pwy yn y byd sy'n rhoi gwasanaeth milwr ar ei *draul* (OPSÔNIOIS) ei hun?" (*BCN*, 1 Cor. 9:7)

Dichon hefyd fod blas milwrol ar ddefnydd Paul o'r gair yn ei ail lythyr at eglwys Corinth: "Ysbeiliais eglwysi eraill trwy dderbyn *cyflog* (OPSÔNION) ganddynt er mwyn eich gwasanaethu chwi." (*BCN*, 2 Cor. 11:8) Er nad yr un gair a ddefnyddiodd Paul am *ysbeilio* ag a ddefnyddiodd Luc yn 3:14, y mae'r ymadrodd yn dwyn i gof fod milwyr y cyfnod yn hawlio eu rhan o'r ysbail wedi unrhyw fuddugoliaeth; er hynny, yr unig "ysbail" a dderbyniodd yr Apostol ei hun oedd ei OPSÔNION - dogn yr oedd yr oedd ganddo hawl gyfreithiol iddo fel milwr da i Iesu Grist.

Gan fod cysylltiadau milwrol y gair mor gryf a phendant mewn dwy os nad tair allan o'r pedair enghraifft ohono yn y Testament Newydd (ac o gofio hoffter Paul o ddelweddau milwrol e.e. Rhuf. 13:12; 2 Cor. 6:7, ac ati), y cwestiwn sy'n codi yw: a ddylid pwysleisio arlliw milwrol y gair yn yr un enghraifft arall (ac, fe ddichon, y pwysicaf o'r pedair) sef Rhufeiniaid 6:23? Ysgrifennodd: "Y mae pechod yn talu *cyflog* (OPSÔNIA), sef marwolaeth; ond rhoi yn rhad y mae Duw, rhoi bywyd tragwyddol yng Nghrist Iesu ein Harglwydd." (*BCN*) Gwrthgyferbynnu'r *gyflog* a dderbyn y sawl sy'n gaeth i bechod â'r *rhodd rhad* a rydd Duw i'r sawl sy'n ufudd iddo Ef a wna Paul. Am ufudd-dod a chaethweision y sonia'r Apostol yn y paragraff sy'n rhagflaenu'r adnod, eithr awgryma Dafydd G. Davies yn ei esboniad ar yr epistol at y Rhufeiniaid, *Dod a Bod yn Gristion*:

Ystyr arall a roddir i'r gair 'caethwas' ydyw 'gwas cyflog' (milwr mewn byddin, efallai) ...

Yn sicr, y mae'r syniad o *filwr* yn gweddu i'r hyn sydd gan Paul mewn golwg. Y mae milwr yn rhwym o fod yn ufudd i'w gadfridog ac nid peth diarth yw i'r ufudd-dod hwnnw ddiweddu mewn marwolaeth ar faes y gad. Ond os yw angau yn OPSÔNION *posibl* i filwr cyffredin mewn rhyfel, rhybudd Paul yw bod y sawl a gonsgriptiwyd gan Bechod *yn sicr* o ddioddef marwolaeth - dyna'r unig OPSÔNION sydd gan Bechod i'w gynnig am fod y Crist eisoes wedi ei orchfygu ar Galfaria (cymh. 1 Cor. 15:55-57). Ar y llaw arall, â'r fuddugoliaeth eisoes wedi ei sicrhau, y mae Duw yn medru cynnig *rhodd rhad* o Fywyd i'r sawl "sydd ar du'r Arglwydd".

Os felly, paham y mae Pechod mor llwyddiannus yn denu cymaint i'w rengoedd? Ateb y Beibl yw ei fod yn twyllo, ac meddai'r Piwritan George Swinnock:

... sin goeth in a disguise, and thence is welcome; like Judas, it kisseth and kills; like Joab, it salutes and slays.

EIRIOLWR – PARAKÊTOS

Y mae'r gair PARAKLÊTOS i'w weld yn unig yn Efengyl Ioan (14:16, 26; 15:26 a 16:7) ac Epistol Cyntaf Ioan 2:1; ond mae modd dadlau fod arlliw o wahaniaeth yn yr ystyr a briodolir i'r gair yn yr Epistol i'r hyn ydyw yn yr Efengyl, gan fod y naill yn defnyddio'r gair fel enw am Grist a'r llall yn defnyddio'r gair fel enw am yr Ysbryd Glân.

Daw PARAKLÊTOS o PARA- (*yn ymyl*, *at ochr*) a KALEÔ (*galwaf*) a golyga yn llythrennol "*un a elwir (i sefyll) wrth ochr un arall*", a hynny er mwyn ei gynorthwyo neu ei gynghori neu i ddadlau ei achos. Mewn Groeg clasurol y mae'n gyfystyr â dadleuydd neu fargyfreithiwr sy'n sefyll gyda'r diffynnydd mewn llys barn ac yn dadlau ei achos. Dyma ei ystyr yn Epistol Ioan:

Y mae gennym Eiriolwr gyda'r Tad, sef Iesu Grist, y cyfiawn (*B.C.N.*)

Eiriolwr, hefyd, oedd cyfieithiad William Morgan (1588) a Beibl yr Esgob Parry (1620), tra bod *Oraclau Bywiol* John Williams (1842) yn dewis *dadleuwr*, a'r *Cyfieithiad Newydd...IV* (1915) gan William Edwards yn defnyddio *Dadleuydd*. Ceir tair ymgais gan Salesbury (1567) i drosi PARAKLÊTOS yn Epistol Ioan. Ar ymyl y ddalen mae'n cynnig *dadleuwr* a *negeswr*, tra bod y testun yn ymryddhau o'r ffigwr gyfreithiol a Salesbury yn cynnig darlun cartrefol o Grist fel *ymddiddanwr* - un sydd yng nghwmni Duw yn dweud gair o blaid y pechadur.

Yn ysgrifeniadau'r Tadau, arferid y gair PARAKLÊTOS am *ddiddanydd*, *cysurwr*, *cynorthwywr* – yr ystyr a roddir i'r gair gan Salesbury, Morgan a Parry wrth ei drosi i'r Gymraeg yn Efengyl Ioan. Ac er fod William Edwards yn protestio fod "ffurf y gair yn y goddefol, felly nis gall fod iddo ystyr gweithredol" (h.y. awgryma'r gair mai *un sy'n cael ei alw* yw'r PARAKLÊTOS ac nid ei fod yn gwneud dim ei hun), dywed R.Tudur Jones yn ei lyfr *Yr Ysbryd Glan* (1972) fod "ystyr 'diddanu' yn amlwg iawn mewn geiriau sy'n perthyn yn agos i PARAKLÊTOS ac o graffu ar yr hyn sydd gan yr Arglwydd Iesu i'w ddweud (yn Efengyl Ioan) y mae dadl gref iawn dros gadw'r gair hyfryd 'Diddanydd'."

Gwell gan y *Beibl Cymraeg Newydd* fel *Yr Oraclau Bywiol* a chyfieithiad William Edwards gadw at yr un cyfieithiad o PARAKLÊTOS yn yr Efengyl i'r un a ddewiswyd ar gyfer yr Epistol; eithr mentra *Y Ffordd* (1969) *cynorthwywr* fel trosiad o'r gair yn Efengyl Ioan, gyda Testament Salesbury yn cynnig *confforddiwr* (sef "cysurwr") a *dyhuddiwr* (un sy'n dyhuddo, cysgodi, amddiffyn) ar ymyl y ddalen fel esboniad ar *diddanwr*. Gair gwaelod y ddalen *B.C.N.* yw *Cyfnerthwr*

O gofio mai gwaith PARAKLÊTOS yn ôl Efengyl Ioan yw aros gyda'r disgyblion (14:16), eu hyfforddi (14:26), tystiolaethu am Grist (14:26) ac argyhoeddi'r byd o bechod, cyfiawnder a barn (16:8), nid amhriodol yw ei alw yn Gymraeg *y Cynorthwywr*, *y Cyfnerthwr*, *y Confforddiwr*, *y Dyhuddwr* neu'r *Diddanydd*

ERNES – ARRABÔN

Gwelir y gair ARRABÔN deirgwaith yn y Testament Newydd Groeg, pob tro mewn llythyr a briodolir i'r Apostol Paul, a phob tro yn ymwneud â'r rhodd o'r Ysbryd Glân i'r Cristion.

Blaendal ("deposit", "pledge") yw ystyr y gair Groeg – rhandal sy'n arwyddo bod mwy i ddilyn!

Ernes yw trosiad y *Beibl Cymraeg Newydd* o ARRABÔN bob tro:-

Ond Duw yw'r hwn sydd yn … rhoi'r Ysbryd yn *ernes* yn ein calonnau (2 Cor. 1:22)

Duw … sydd wedi rhoi yr Ysbryd inni yn *ernes* (2 Cor. 5:5)

Yr Ysbryd hwn yw'r *ernes* o'n hetifeddiaeth… (Effesiaid 1:14).

"Ernes" (neu "ern") yw'r enw am y swm o arian a delid gynt i was ffarm mewn ffair gyflogi fel arwydd o'r cytundeb rhyngddo a'i feistr newydd (gw. Charles Williams, *Wel dyma fo…*, t.62); neu'r swllt a roddwyd yn ystod y Rhyfel Byd Cyntaf i'r sawl a lofnodai gytundeb i ymladd dros y Brenin.

Ernes hefyd fu dewis y mwyafrif o'r cyfieithwyr Cymraeg ers dyddiau William Salesbury wrth drosi ARRABÔN – ond nid William Morgan. Yng nghyfieithiad 1588, dewisodd William Morgan y gair a welir ar ymyl y ddalen wrth Effesiaid 1:14 yng nghyfieithiad Salesbury, sef *gwystl*; eithr wrth adolygu'r cyfieithiad Cymraeg yn 1620 dychwelodd yr Esgob Parry at ymdrech gyntaf Salesbury, sef *ernes*.

Noda Dr William Edwards yn *Cyfieithiad Newydd o'r Testament Newydd…III* (1913) fod y gair "gwystl" yn anaddas fel trosiad o ARRABÔN, ond Thomas Charles sy'n rhoi'r rhesymau dros hynny yn y *Geiriadur Beiblaidd* (1805):

Y mae gwystl i'w ddychwelyd pan gyflawnir yr addewid o dalu y cwbl yn ôl y cytundeb; ond y mae ernes yn rhan o'r taliad, ac o'r un natur â'r hyn sydd yn ôl. Heblaw hynny, y mae y gwystl yn gyffredin o gymaint neu fwy gwerth na'r peth addawedig; ond nid yw ernes ond yn rhan ohono.

Yng ngoleuni hyn, y mae cyfieithiad J. Williams Hughes o ARRABÔN fel *sampl* yn un diddorol ac awgrymiadol, gan fod y sampl yn warant o ansawdd yr hyn sydd i ddilyn, ac yn wahanol ond yn ei faint.

Aralleiriad J. Williams Hughes o Effesiaid 1:14 yw:

> …gosododd Duw sêl ei arddeliad arnoch chwithau drwy gyflawni Ei hen addewid a rhoi i chwi *sampl a chyfran* o'ch Etifeddiaeth ymlaen llaw a'r blaenbrofiad hwnnw yn warant bod gweddill yn eich aros. *Esboniad ar yr Epistolau at yr Effesiaid a'r Philipiaid* (1949)

Crynhodd pennill a gyhoeddwyd yn *Grawn-Sypiau Canaan* (1795) brofiad y Cristion o ARRABÔN:

> Daeth trwy
> Ein Iesu glân a'i farwol glwy'
> Fendithion fyrdd – daw eto fwy;
> Mae ynddo faith ddiderfyn stôr;
> Ni gawsom rai defnynnau i lawr;
> Beth am yr awr cawn fynd i'r môr?

ESIAMPL – HUPOGRAMMOS

Unwaith yn unig y gwelir y gair HUPOGRAMMOS yn y Testament Newydd Groeg, a'r trosiad arferol i'r Gymraeg yw *esiampl*, megis yn y *Beibl Cymraeg Newydd*:

> *...oherwydd dioddefodd Crist yntau er eich mwyn chwi, gan adael i chwi esiampl... (1 Pedr 2:21).*

Ymgais gyntaf William Salesbury i drosi'r gair oedd *angraifft*, tra bod John Williams yn ei gyfieithiad *Yr Oraclau Bywiol* (1842) yn cynnig *cynllun*. Awgrymodd Dr William Edwards yn *Cyfieithiad Newydd o'r Testament Newydd...IV* (1915) fod y gair HUPOGRAMMOS yn gallu golygu "amlinelliad yr hwn a lenwid i fyny gan yr arlunydd gyda manylion" – rhyw fath o *"painting by numbers"*! Eithr gair cyfansawdd yw'r gair Groeg mewn gwirionedd, yn clymu HUPO- (*oddi tano*) wrth ffurf o'r ferf GRAPHÔ (*ysgrifennaf*) ac yn dangos dull y Groegwr o ddysgu plant i ysgrifennu drwy roddi iddynt batrwm o ysgrifen i'w gopïo. Cystal cyfieithiad ag *esiampl* fyddai *copi, patrwm* neu *model*, gan mai "cynysgrifen i'w chanlyn" yw HUPOGRAMMOS yn ôl *Geiriadur Beiblaidd* Thomas Charles, a noda hefyd nad yw pob esiampl yn esiampl i'w dilyn!

Yn ei ysgrif "Copïo'r 'Top Line'" yn *Ar Ddechrau'r Dydd* (1962), y mae T. Glyn Thomas yn dwyn i gof iddo yntau ddysgu ysgrifennu mewn dull a ystyrir yn hen-ffasiwn bellach. Gosodwyd gerbron y plant ddalen o bapur ac arni frawddeg mewn ysgrifen berffaith, a'u gorchymyn i gopïo'r "top line". Ychwanega:

> *Y peth rhyfedd oedd hyn: fel yr aem i lawr y ddalen, yn lle gwella fel y dylai wneud, gwaethygai ein hysgrifen yn aml. Paham? Am ein bod yn lle cadw llygad ar y llinell gyntaf a'i chopïo hi, yn copïo'r llinell uwchlaw'r hon yr oeddem yn ei hysgrifennu, ac felly, yn lle copïo'r patrwm, yn ein copïo'n hunain.*

Crist yw'r HUPOGRAMMOS, medd Pedr. Ef yw'r "top line", yr unig batrwm y dylem gadw ein llygaid arno a'i efelychu.

GALLU DWYFOL AT WASANAETH DYN - DUNAMIS

Yn Mathew 26:64 a Marc 14:62 cyfeiria'r Arglwydd Iesu at Dduw fel DUNAMIS, sef "y Gallu", pan ddywed yn llys yr Archoffeiriad, "... fe welwch Fab y Dyn yn eistedd ar ddeheulaw'r Gallu" (*B.C.N.*).

Diau ei bod yn hysbys i bawb sy'n gwrando ar bregeth yn achlysurol mai o'r gair Groeg DUNAMIS y tarddodd geiriau megis "deinamig", "deinamo" a *dynamite* - geiriau sy'n darlunio'n berffaith peth mor fyw, mor barhaol ac mor nerthol yw gallu Duw.

Amlygwyd y gallu hwn yn y greadigaeth o'n cwmpas ac ni allwn beidio â rhyfeddu wrth fawredd yr hwn a'i creodd: "... mae'r nefoedd yn adrodd gogoniant Duw, a'r ffurfafen yn mynegi gwaith ei ddwylo (Salm 19:1 *B.C.N.*). Wyneb yn wyneb â'r fath allu, y mae perygl i ddyn i deimlo mor fach a dibwys nes mynd i gredu nad oes a wnelo'r grym aruthrol hwn ddim ag ef yn bersonol, gan ei fod y tu hwnt i'w ddirnadaeth ac yn perthyn i ddimensiwn arall na all ef ddechrau ei amgyffred. Er hynny, neges y Testament Newydd yw fod y gallu dwyfol yn ymwneud â'r Cristion yn uniongyrchol ac at ei wasanaeth. Dyna pam y gweddïodd Paul:

> "Goleued Duw lygaid eich calon fel y caffoch weled yn glir pa ... mor ddifesur [yw'r] *pwerau* sydd at alwad y rhai a rodia ar lwybr y Bwriad Tragwyddol. Cawn syniad am fesur y *gallu* hwn, am natur Ei *rym* a'i *nerth*, wrth sylwi arno ar waith yn Atgyfodiad Iesu Grist; Ei atgyfodi, nid i fyw ei fywyd gweledig ar y ddaear, ond i'w osod ar ddeheulaw Duw ei Hun, yn y byd anweledig a thragwyddol ..." (Effesiaid 1:18-20, aralleiriad J. Williams Hughes).

Yr hyn sy'n arbennig o ddiddorol am Effesiaid 1:19 yw bod Paul yn teimlo rheidrwydd i ddefnyddio pedwar gair Groeg am "gallu" wrth sôn am y nerth sy'n perthyn i Dduw. Y geiriau yw DUNAMIS, ENERGEIA (a roes y gair *"energy"* i'r Saesneg), ISCHUS a KRATOS (sy'n roi'r terfyniad *"-cracy"* yn y Saesneg, e.e. *"democracy"* yw'r llywodraeth sy'n derbyn ei gallu gan y *"demos"*, y bobl; *"plutocracy"* yw'r llywodraeth sy'n derbyn ei gallu trwy gyfoeth rhyw bobl, ac ati).

Crybwyll a wna Paul yn adnod 19 cymaint o bŵer (DUNAMIS)

sydd gan Dduw o blaid y credadun - pŵer a amlygwyd yng ngrymuster (ENERGEIA) nerth (KRATOS) ei allu (ISCHUS) Ef yn cyfodi Iesu "a'i ddyrchafu i fod yn Ben y Cyfanfyd" (J.Williams Hughes). Nid yw mor hawdd i bentyrru cyfystyron yn y Gymraeg ag yw yn y Roeg, na chwaith i ddod o hyd i eiriau sy'n awgrymu'r gwahanol weddau ar y gallu dwyfol. Ffordd brydferth William Edwards o geisio gwahaniaethu rhwng y geiriau Groeg yw awgrymu mewn nodyn gwaelod y ddalen yn y *Cyfieithiad Newydd o'r Testament Newydd ... (1913)* mai enw cyffredinol am *allu* yw DUNAMIS ond

> ISCHUS yw y llyn digyffro ar ben y bryn, yn meddu gallu cynhennid; KRATOS yw yr afon lifeiriol: ENERGEIA yw y ffrydlif anwrthwynebol ar waith yn troi olwynion llafur.

Nid digon bod y llyn a'i holl botensial ar gael ar ben y mynydd, rhaid i'r dŵr ddechrau llifo megis afon i lawr i'r dyffryn cyn yr amlygir ei nerth ac y bydd o ddefnydd i ddyn; yn yr un modd y mae'r gallu dwyfol yn fwy na photensial anfeidrol yn y bydysawd - y mae'n llifo i gyfeiriad dyn ac yn ei amgylchu gan ei gludo ar ei lif. Dichon fod edrych ar y bydysawd o'n cwmpas yn ddigon i'n hargyhoeddi fod Duw'n un nerthol, anfeidrol a throsgynnol; ond yn Iesu Grist fe wyddom ei fod hefyd yn gwybod am ein gwendid ni, tra bod Paul yn argyhoeddedig fod atgyfodiad a dyrchafiad y Gwaredwr yn dangos yn eglur "beth yw aruthrol fawredd y gallu sydd ganddo o'n plaid ni sy'n credu" (Effes. 1:19, *B.C.N.*).

Crefydd ddiffygiol yw honno sy'n cydnabod fod Duw yn dra galluog ond nad yw fyth yn tynnu wrth raffau'r addewidion sy'n ei chysylltu'n uniongyrchol â'r gallu hwnnw. Cyfunodd Edward Jones, Maes-y-plwm, y syniad o fawredd a gallu Duw a'i barodrwydd i weithredu o'n plaid mewn dau bennill mawreddog - y naill yn ddiwinyddiaeth aruchel, a'r llall yn gysur pur:

> Mae'n llond y nefoedd, llond y byd,
> Llond uffern hefyd yw;
> Llond tragwyddoldeb maith ei hun;
> Diderfyn ydyw Duw;
> Mae'n llond y gwagle yn ddigoll,
> Mae oll yn oll, a'i allu'n un,
> Anfeidrol annherfynol Fod

A'i hanfod ynddo'i Hun.
Clyw, f'enaid tlawd, mae gennyt Dad
Sy'n gweld dy fwriad gwan,
A Brawd yn eiriol yn y nef
Cyn codi o'th lef i'r lan:
Cred nad diystyr gan dy Dad
Yw gwrando gwaedd dymuniad gwiw,
Pe byddai d'enau yn rhy fud
I'w dwedyd ger bron Duw.

GENEDIGAETH O FORWYN - PARTHENOGENESIS

Ymddangosodd soned o eiddo Dr Aled Rhys Wiliam yn dwyn y teitl "Parthenogenesis?" mewn rhifyn o *Cristion* rywdro. Amau i'r Iesu gael ei eni o forwyn a wna'r gerdd, a hynny ar sail y ffaith fod y rhywogaethau o fân greaduriaid lle y gall genedigaeth forwynol ddigwydd yn esgor ar fenyw pob tro. Y tristwch yw ei bod hi'n ymddangos fod y ffaith hon yn arwain y bardd i wrthod popeth a geir yn y Beibl oherwydd mae'n datgan yn y cwpled olaf:

A dyna pam na chredaf yn y Gair:
os gŵr oedd Crist, nid gwyry ydoedd Mair.
Beth, felly, a ddywed y Testament Newydd am enedigaeth yr Iesu?

Yn Mathew a Luc yn unig y ceir yr hanes am eni'r Iesu a chyfeiriadau at y ffaith mai gwyryf oedd Mair, ei fam: "A digwyddodd hyn oll fel y cyflawnid y gair a lefarwyd gan yr Arglwydd trwy'r proffwyd: 'Wele, bydd yr wyryf [PARTHENOS] yn beichiogi, ac yn esgor ar fab, a gelwir ei enw ef Immanuel'" (Mathew 1:22-23 yn dyfynnu Eseia 7:14). Ac "Yn y chweched mis anfonwyd yr angel Gabriel gan Dduw i dref yng Ngalilea o'r enw Nasareth, at wyryf [PARTHENOS] oedd wedi ei dyweddïo i ŵr o'r enw Joseff, o dŷ Dafydd; Mair oedd enw'r wyryf [PARTHENOS]" (Luc 1:26-27).

Nid yw Marc na Ioan yn cyfeirio at hanes genedigaeth yr Iesu er i Ioan gyhoeddi'n foel fod y Gair tragwyddol wedi ymgnawdoli. Nid ydynt chwaith yn cyfeirio at Fair fel morwyn; yn wir, o fewn i gloriau'r Testament Newydd ni chyfeiria neb ond Mathew a Luc at forwyndod Mair. Wrth ystyried hyn y mae rhai esbonwyr yn barod i dynnu sylw at y ffaith mai dyfyniad o'r Hen Destament yw'r cyfeiriad at fam yr Iesu yn Efengyl Mathew ac yn ceisio dianc rhag y broblem a gyfyd ynghylch ei morwyndod drwy olrhain y gair yn ôl i'r Hebraeg. Yno gwelir mai *almah* yw'r gair a arferodd Eseia - gair a welir saith waith yn yr Hen Destament - a dadleuir mai ystyr *almah* yw "merch ifanc ddi-briod". Ar y llaw arall y mae gan yr Hebraeg air am "wyryf" sef *bethulah*, sydd i'w weld hanner cant o weithiau yn yr Hen Destament (e.e. Deut. 22:19,23 a 28). Honnir, felly, mai camgyfieithiad o'r Hebraeg *almah* yw'r Roeg PARTHENOS ("gwyryf") ac mai gair arall a ddylid fod wedi ei ddewis i ddangos mai'r hyn a broffwydodd Eseia oedd mai merch ifanc ddi-briod fyddai mam y Meseia.

Ond os yw'n hawdd osgoi problem gwyryfdod Mair yn y modd hwn yn Efengyl Mathew, nid mor hawdd gwneuthur hynny gyda Luc, y doctor oedd yn Roegwr da a hefyd yn hanesydd gofalus a honnodd iddo ymchwilio'n fanwl i hanes yr Iesu (Luc 1:3). Nid dyfyniad ynghylch morwyndod Mair sydd gan Luc ac felly rhaid wrth ffordd arall i ddod dros y broblem ei fod yn dweud yn ddigyfaddawd fod Joseff wedi dyweddïo i wyryf ac mai Mair oedd yr wyryf honno (Luc 1:27). Daw'r ymwared i'r sawl sy'n ceisio hynny wrth ymchwilio i'r hyn a ddeallai'r Iddew wrth y gair "gwyryf". Dywedai Rabbi Eliezar ben Hyrcanus mai merch ifanc heb brofi misglwyf oedd gwyryf. Mae'n hysbys fod merched y cyfnod yn dyweddïo a phriodi yn ifanc iawn a dywed un awdurdod fod caniatâd i ddyweddïo cyn gynted â bod oed y ferch yn ddeuddeng mlwydd chwe mis a diwrnod. Mae modd dadlau, felly, mai pwyslais ar ieuengrwydd Mair yw'r cyfeiriad at ei gwyryfdod. Ond a fyddai hanesydd a Groegwr mor dda â Luc wedi gwneud y fath gamgymeriad a galw Mair yn wyryf [PARTHENOS] pan allai fod wedi dod o hyd i air arall yn y Roeg i gyfleu ei hieuengrwydd? Atebir nad oedd Hebraeg Luc cystal â'i Roeg - ni olyga "Barnabas" yr hyn a awgryma Luc yn Actau 4:36! - ac iddo gamddeall yn llwyr y meddylfryd Hebreig a'r ffordd yr oedd yr Iddewon yn synied am wyryfdod.

Ar sail dadleuon tebyg i hyn y mae rhai esbonwyr yn barod i amau'r cyfeiriadau yn Mathew a Luc at forwyndod Mair.

Yn yr unig gyfeiriad at enedigaeth yr Iesu yng ngwaith Paul, dywed yr Apostol: "Ond pan ddaeth cyflawniad yr amser [*'but when the right time came...'* yw trosiad *The Translator's New Testament*], anfonodd Duw ei Fab, wedi ei eni o wraig, wedi ei eni o dan y Gyfraith, i brynu rhyddid i'r rhai oedd dan y Gyfraith..." (Galatiaid 4:4-5).

Mae'n wir nad oes cyfeiriad gan Paul at wyryfdod Mair, ond a yw hyn yn syndod? Un o'i fwriadau wrth ysgrifennu oedd dadlau yn erbyn pobl a gredai nad oedd yr Iesu yn gig a gwaed fel pawb arall gan danlinellu iddo gael ei eni fel pob dyn arall - dyna hefyd bwrpas ceisio olrhain achau'r Iesu yn Mathew a Luc. Ond nid amheuai'r Apostol ddwyfoldeb yr Iesu a dangosodd hyn drwy ddatgan fod Duw wedi dewis yr amser yn ofalus pryd danfonodd y Crist i'r byd.

Awgryma William Edwards fod yr amseriad yn briodol
(1) o ran bwriadau ac addewidion Duw; (2) o ran angen ac amgylchiadau'r byd.

Gyda golwg ar amgylchiadau'r byd, mae'n ymddangos na allai'r Efengyl fod wedi dod ar amser gwell. Roedd y byd o dan reolaeth Rhufain a oedd wedi adeiladu ffyrdd i bob rhan ohono ar gyfer ei milwyr, wedi tawelu'r brodorion ymhobman a gorfodi deddf a gweinyddiaeth Rufeinig ar y cenhedloedd a oresgynnwyd. Manteisiodd cenhadon yr Eglwys Fore ar hyn a theithio'r ffyrdd diogel gan arfer iaith y gweinyddwyr i ledaenu'r Efengyl. Wrth edrych yn ôl, y mae deiliaid Ffydd yn cytuno gyda'r Apostol pan gyhoeddodd fod amseru Duw yn berffaith – ac, o'r herwydd, bod y mab a anwyd yn ddwyfol.

Yr argyhoeddiad o genhedliad dwyfol yr Iesu sydd hefyd y tu ôl i gred y mwyafrif o Gristnogion fod Mair yn forwyn. Ni fyddai Cristnogion yn dadlau yn erbyn "geneteg ... ynglŷn â'r drefn sy'n anfarwoli'r had" (A.Rh.W.) - ond yn achos Iesu. Gan ei fod o ddwyfol genhedliad, ystyrir fod ei enedigaeth ef yn wahanol i'r cyffredin - yn wyrthiol! Ac os oedd genedigaeth Iesu yn wyrthiol, yr oedd y tu allan i'r "ddeddf naturiol" (nad ydyw, mewn gwirionedd yn "ddeddf" o gwbl, ond yn gyfanswm o arsylwadau dyn).

Argyhoeddiad Cristnogion ar hyd y canrifoedd yw na ellir cymhwyso "deddfau" gwyddonol i'r Iesu. Cwpled olaf soned Dr Aled Rhys Wiliam sydd, felly, yn creu anhawster am ei fod yn ceisio cyfyngu Duw a'i orfodi i weithio yn ôl trefn sydd yn hysbys i ddyn.

Nid wyf na bardd na mab i fardd, ond byddai'n well gennyf pe bai diweddglo'r soned yn darllen:

Ond gan fod Iesu'n ymgnawdoli'r Gair,
a ddylid amau gwir forwyndod Mair?

Ai beth rŷm ni'n ei gredu sy'n penderfynu maint ein ffydd, ynteu maint ein ffydd sy'n penderfynu faint a gredwn? Onid ein ffydd sy'n penderfynu beth a gredwn yn y Beibl, ac nid yr hyn a gredwn sy'n penderfynu'n ffydd?

GWASANAETH – LEITOURGIA

Y gair Groeg LEITOURGIA a roes inni'r geiriau "litwrgi, *liturgy*". Gwelir y gair amryw o weithiau yn y Testament Newydd Groeg a'r cyfieithiad arferol yw *gweinidogaeth* neu *gwasanaeth*, er bod trosiadau megis *swydd* (William Salesbury) yn cael eu harfer hefyd.

I ddeall y gair yn iawn, rhaid ystyried ei gefndir clasurol ynghyd â defnydd y Testament Newydd ohono, a'i gymharu â gair arall am "weinidogaeth/gwasanaeth", sef DIAKONIA.

(a.) Ystyr wreiddiol y ferf LEITOURGEIN yw *"gwasanaethu'r wladwriaeth yn wirfoddol"*; ond yn ddiweddarach, pan hawliai'r wladwriaeth yn Athen fod pob Atheniad i ysgwyddo rhyw gyfrifoldeb neu gynnig rhyw wasanaeth ar ei draul ei hun, arferwyd yr un gair am y cyfraniad hwnnw. Datblygodd y gair ei ystyr, felly, a lle bu gynt yn dynodi *gwasanaeth gwirfoddol*, bellach arwyddai *wasanaeth gofynnol a allai fod yn ddrudfawr*. Wrth ystyried ei ddefnydd yn y Testament Newydd, mae modd gweld (i.) y gwirfoddol, (ii.) y gofynnol a (iii.) y costfawr yng ngwasanaeth y Cristion – paradocs, efallai, ond nid yw hynny'n beth dieithr mewn llyfr sy'n gallu sôn am "gyfraith rhyddid" (Iago 1:25)!

(b.) Er mwyn deall y defnydd a wna'r Testament Newydd o LEITOURGIA, rhaid troi at y Septwagint, y cyfieithiad Groeg o'r Hen Destament. Yno, ei ystyr yw *"gwasanaethu un mewn awdurdod a hynny er mwyn lles y bobl"*. Fe'i defnyddir bron yn ddieithriad am wasanaeth y Lefiaid a'r offeiriaid Iddewig yn y Tabernacl a'r Deml, gan fagu'r ystyr o "wasanaeth offeiriadol swyddogol" (T. Isfryn Hughes, *Geiriadur Beiblaidd* (1926)). Dyma'r ystyr yn Luc 1:23; Hebreaid 8:6 a 9:21 – ond mae defnydd y Testament Newydd ohono yn lletach o lawer na hynny oherwydd defnyddir y gair hefyd am *addoliad yr Eglwys* (Actau 13:2), *gweithgarwch dyngarol* (2 Corinthiaid 9:12; Philipiaid 2:30) ac, yn ffigurol am *wasanaeth ffyddloniaid yr Eglwys* sy'n cael ei gyffelybu i aberth offeiriadol (Philipiaid 2:17).

(c.) Yn y Testament Newydd Cymraeg y mae'r geiriau *gweinidogaeth* a *gwasanaeth* yn cael eu defnyddio i gyfieithu DIAKONIA a LEITOURGIA, ac nid hawdd dyfalu pa un o'r ddau air Groeg a drosir, bob tro. Er hynny, myn William Edwards fod yna wahaniaeth pwysig rhyngddynt. Awgryma fod y LEITOURGOS (*gweinidog* neu *offeiriad*) yn "gwasanaethu ar ran y bobl", tra bod y DIAKONOS (*gweinidog* neu *diacon*) yn "gwasanaethu ar ran Duw". Hynny yw, gwasanaeth i Dduw yw hanfod y naill, tra bod gwasanaeth i ddyn yn hanfod y llall.

Y mae arlliw o'r un gwahaniaeth pwyslais yn perthyn i LEITOURGIA a DIAKONIA; ac eto y mae'n amlwg fod y Testament Newydd yn cysylltu'r ddau fath o wasanaeth. Pan yw dyn yn ceisio gwasanaethu Duw "ar ran y bobl" y mae, wrth raid, yn gwasanaethu ei gyd-ddyn; a phan yw dyn yn ceisio gwasanaethu cyd-ddyn "ar ran Duw", y mae hefyd yn gwasanaethu Duw.

GWEITHRED EIDDO – HUPOSTASIS

Mae'r gair HUPOSTASIS yn ymddangos bum gwaith yn y Testament Newydd Groeg:- dwywaith yn 2 Corinthiaid (9:4 a 11:7) a theirgwaith yn yr Epistol at yr Hebreaid (1:3; 3:14 a 11:1). Y mae nodi ffyrdd gwahanol y cyfieithiadau o drosi'r gair pan ymddengys yn y gwahanol fannau, yn dangos ystod eang y trosiadau sy'n bosibl, gyda'r cysylltiadau yn penderfynu pa un a ddewisir:

William Salesbury: *hyderus, hyderus, person, cynhelir i fyny, ffyrfder* (gyda *gosail, drychiat* a *hanvot* ar ymyl y ddalen);

William Morgan: *sylwedd, sylwedd, person, sicr, sail*;

Oraclau Bywiol: hyder, hyderus, sylwedd, hyder, hyder;

Beibl Cymraeg Newydd: sicr, hyder, sylwedd, hyder, gwarant.

Nid yw'r amrywiaeth dewis wrth gyfieithu i'r Gymraeg yn syndod pan gofiwn i'r gair HUPOSTASIS ymddangos ugain o weithiau yn y cyfieithiad Groeg o'r Hen Destament (y Septwagint, neu'r LXX) lle mae'n cynrychioli cymaint â deuddeg o ystyron Hebraeg.

Ystyr y gair yw "yr hyn a saif o dan rywbeth" ac fe ellir cynnig *sail, gwaelod* a hyd yn oed *cynhaliaeth* (*"support"*) fel cyfieithiad llythrennol, neu *sylwedd* fel trosiad ffigurol. Erbyn y bedwaredd ganrif O.C. roedd y gair wedi magu ystyr ddiwinyddol yng ngweithiau'r Tadau Eglwysig. Defnyddient hwy y gair am y gwahaniaeth hanfodol a fodolai yn y Drindod wrth gyfeirio at *berson* (sef HUPOSTASIS) y Tad, *person* y Mab a *pherson* yr Ysbryd Glân. Dylanwad y Tadau Groegaidd oedd yn gyfrifol i'r gair gael ei drosi fel *person* yn Hebreaid 1:3:- "gwirlun y *berson* ef" (William Salesbury, cymh. William Morgan) – er hynny, cyfieithiad anachronistaidd yw hwn, gan nad oedd y gair wedi magu'r ystyr "*person*" pan ysgrifennwyd y llythyr ac mae cyfieithwyr diweddar yn dewis *sylwedd*.

Tystiolaeth y papurfrwyn yw bod y gair HUPOSTASIS yn cael ei arfer yn gyffredin yng nghyfnod y Testament Newydd am "y dystiolaeth ysgrifenedig a rydd hawl i ddyn ar eiddo, 'ysgrif hawl'; y mae 'hanfod' [Salesbury] yn rhy gryf, a 'sail' yn rhy amhenodol" (D. Emrys Evans, *Geiriadur Beiblaidd* (1926)). Yn ôl J. H. Moulton a G. Milligan (*Vocabulary of the Greek Testament*), dyma'r ddelwedd a welir yn Hebreaid 11:1, a'r cyfieithiad Saesneg a gynigir yw "*title-deed*".

64

Gellir cyfieithu'r adnod yn Hebreaid:

> Ffydd, yn wir, sy'n rhoi inni ein *hawl* ("title-deed") ar y pethau y gobeithiwn amdanynt. [Cymharer: "...y mae ffydd yn *warant* o bethau y gobeithir amdanynt..." *B.C.N.*).

Am yr enghreifftiau eraill o HUPOSTASIS sy'n digwydd yn y Testament Newydd, y mae'r gair "*hyderus*" (neu ei debyg) yn drosiad derbyniol, ond inni gofio ei fod yn cynrychioli hyder o fath arbennig. Yn ôl William Edwards, nid yw'n dynodi "hyder neu argyhoeddiad mewnol" ond "y ffeithiau neu y sylweddau ar y rhai yr ymorphwys yr hyder hwn". Mewn geiriau eraill, nid yw'r Cristion yn hyderus am ei fod yn optimist wrth reddf, ond am fod ganddo dir cadarn o dan ei draed i sefyll arno a sail gadarn i adeiladu arni.

GWIR GYMDEITHAS – KONÔNIA

Prawf o gyfoeth y gair KOINÔNIA yw bod amryw o eiriau Cymraeg yn cael eu defnyddio wrth ei drosi yn yr hen gyfieithiad Cymraeg. *Cymdeithas* yw'r dewis amlaf, eithr gwelir hefyd *cymorth* (Rhufeiniaid 15:26), *cymundeb* (2 Corinthiaid 6:14) a *cyfraniad* (2 Corinthiaid 9:13). Mewn cyfeiriadau ar ymyl y ddalen, y mae William Salesbury hefyd yn cynnig *cyfeillach*, *cyfranogaeth*, *cymmun* a *cyfyndap*.

Er mai gwreiddyn y gair yw KOINOS sy'n golygu *cyffredin*, dywed William Edwards, "Dynoda KOINÔNIA cymdeithas o'r natur agosaf". Gall y gymdeithas honno, wrth gwrs, fod yn un grefyddol ond defnyddiwyd KOINÔNIA yn gyffredin am bartneriaeth mewn priodas a phartneriaeth mewn busnes. Ar sail hyn awgrymodd J. Williams Hughes mai

> Diddorol a buddiol yw ceisio egluro'r gair yn y Testament Newydd yng ngoleuni'r ffigur hwn [sef] y syniad o bartneriaeth yn "Firm" fawr y Deyrnas! Credinwyr yn gyd-feddianwyr o'r amrywiol "nwyddau" y mae y "Firm" yn delio ynddynt! A'r pennaf ohonynt yw yr Efengyl ei hun … Yn wir y mae holl ddylanwad ac adnoddau'r Ysbryd Glân at wasanaeth y "Firm" – a dyna warantu dyfodol gogoneddus iddi (*Esboniad ar yr Epistolau at yr Effesiaid a'r Philipiaid*).

Y mae'r rhai sy'n bartneriaid mewn busnes yn disgwyl elwa o'r fusnes honno, eithr rhaid iddynt hefyd gyfrannu iddi. Y mae'r un peth yn wir am KOINÔNIA'r Eglwys. Tanlinellir hyn gan *Geiriadur Beiblaidd* (1926) a ddywed fod "ystyr ddeublyg i'r ferf Roeg a gyfetyb i'r enw *coinônia*, a gall y ferf olygu 'cyfranogi o' (rywbeth) neu 'cyfrannu i' (rywbeth)". Y mae, felly, i KOINÔNIA ei breintiau a'i dyletswyddau, ei bendithion a'i chyfrifoldebau. Cofio am ddyletswyddau cymdeithasu a wnaeth Cristnogion Macedonia ac Achaia wrth estyn *cymorth* (KOINÔNIA – B.C.N.) i'w cyd-Gristnogion "pan welsant yn dda wneuthur rhyw *gyfraniad* i'r rhai tylodion o'r saint sydd yng Nghaersalem" (Rhufeiniaid 15:26, *Oraclau Bywiol*). Diolch am "haelioni eich *cyfraniad* (KOINÔNIA)" a wnaeth Paul wrth ysgrifennu at y Corinthiaid (2 Cor. 9:13) a diolch am y math o roi sy'n oblygedig mewn "*cydweithrediad* (KOINÔNIA) o blaid yr Efengyl" a wnaeth yn Philipiaid 1:5 (*B.C.N.*).

Dichon fod olion o'r symud dwy ffordd sy'n rhan hanfodol i bob gwir gymdeithasu yn 2 Corinthiaid 6:14: "Peidiwch ag ymgysylltu'n amhriodol ag anghredinwyr, oherwydd pa *gyfathrach* (KOINÔNIA) sydd rhwng cyfiawnder ac anghyfiawnder?" (*B.C.N.*). Eithr nid oes amheuaeth mai breintiau a bendithion y gymdeithas sy'n cael eu pwysleisio yn nymuniad Ioan i'w ddarllenwyr "gael *cymundeb* (KOINÔNIA) â ni" (1 Ioan 1:3); yn wir myn William Edwards fod y gair "cael" yn y cyswllt hwn yn dynodi "cael *a mwynhau*". Uchafbwynt pob cymdeithas i'r Cristion yw cymdeithas â Christ (1 Cor. 1:9; Phil. 3:10), a'r ffurf weladwy ar hwnnw yw'r Cymun:

> Cwpan y fendith yr ydym yn ei fendithio, onid *cydgyfranogiad* (KOINÔNIA) o waed Crist ydyw? A'r bara yr ydym yn ei dorri, onid *cydgyfranogiad* o gorff Crist ydyw? (1 Cor. 10:16, *B.C.N.*).

Ys dywed J. Williams Hughes:

> Onid yw'r gair mawr hwn yn cyflwyno inni yr union her sy'n angenrheidiol arnom ledled y byd heddiw? ... daw'r her inni i ymgysegru i weddnewid pob *koinônia* sy'n anghyson ag Ysbryd yr Arglwydd Iesu a gwneud *koinônia*'r Testament Newydd yn realiti gogoneddus dros y byd.

GWLEDD GRISTNOGOL - DEIPNON

Tybed a yw'r gair *swper* yn golygu gwahanol bethau mewn gwahanol rannau o Gymru?

Pan oeddwn yn grwt yn Nhre-boeth ar adeg yr Ail Ryfel Byd, arferai Mam baratoi pedwar pryd o fwyd bob dydd. Brecwast a chinio, wrth gwrs, ac yna byddai te ysgafn ar ôl dychwelyd o'r ysgol, tra bod swper (ychydig cyn mynd i'r gwely, cofier!) yn rhywbeth mwy sylweddol o lawer. Pan euthum i letya ym Mangor yn nyddiau'r Coleg newidiodd y drefn ychydig. Roedd fy nghyd-letywyr a minnau yn dal i fwyta pedwar pryd y dydd ond paratowyd y pryd mwyaf sylweddol ar ein cyfer am bump o'r gloch y prynhawn tra bod ein swper am hanner awr wedi deg y nos ond yn hwyrbryd ysgafn iawn.

Ar ôl inni ymgartrefu yn Llanbed, mabwysiadodd fy ngwraig a minnau arferion y Cardis - *tri* phryd o fwyd y dydd! A byth er hynny yr ydym wedi ceisio bwyta ein swper o gwmpas 6 o'r gloch; a chan mai dyma'r adeg y daw'r teulu ynghyd, hwn yw prif bryd y dydd - a'r pryd olaf. [Mae'r Sul yn drysu'r patrwm yn llwyr!].

Dro yn ôl, cafodd fy ngwraig a minnau wahoddiad allan i swper gan gyfeillion yng Ngwent. "Dewch erbyn saith!" oedd y gorchymyn. Cyraeddasom mewn amser da - ond yn agos i dair awr yn ddiweddarach yr oeddem yn dal heb fwyta a bron a llwgu! A ninnau wedi hen gredu inni gamddeall y gwahoddiad ac yn dechrau meddwl troi am adref, cododd gwraig y tŷ a chyhoeddi ei bod yn bryd inni swpera. Fe'n tywyswyd i ystafell arall ac yno roedd gwledd yn ein haros.

Beth felly yw *swper?* Ai hwyrbryd ysgafn, neu ynteu wledd sylweddol? Diau fod y gair yn cyfleu rhywbeth gwahanol i lawer ohonom.

Ymddengys y gair Groeg DEIPNON 16 gwaith yn y Testament Newydd Groeg. Fe'i cyfieithir gan y gair *"swper"* 14 gwaith yn y Beibl Cymraeg a 7 gwaith yn y *Beibl Cymraeg Newydd*. Dewis arall y ddau gyfieithiad wrth drosi'r gair y troeon eraill yw *"gwledd"*. Y mae *"swper"* neu *"swpera"* yn ymddangos yn y ddau gyfieithiad wrth drosi'r pedair enghraifft o'r ferf DEIPNEÔ a geir yn y Testament.

Y mae'r syniad o *wledd* yn gweddu i barti pen-blwydd Herod (Marc 6:21), y paratoadau moethus a wnaethpwyd ar gyfer y gwesteion

68

yn nameg yr Iesu (Luc 14:12,16,17) a'r ciniawau a fynychai'r Ysgrifenyddion a'r Phariseaid yn y gobaith y cawsent seddau amlwg (Mathew 23:6; Marc 12:39; Luc 20:46). Dichon fod "gwledd" hefyd yn gweddu i'r paratoadau ym Methania (Ioan 12:2), o gofio sylw'r Arglwydd ar ymweliad arall pan ddywedodd fod un peth yn ddigon (Luc 10:42). Wrth droi i'r Llyfr Datguddiad, sylwn fod y gair "gwledd" yn addas fel disgrifiad o'r hyn sy'n disgwyl y sawl sy'n agor y drws i'r Crist (3:20) tra mai uchafbwynt y bywyd Cristnogol yw cael gwahoddiad i *wledd* Priodas yr Oen (19:9). Ar y llaw arall, diwedd pobl ddrwg yw bod yn *wledd* i adar ysglyfaethus (19:17).

Y mae "gwledd" felly yn gweddu fel cyfieithiad o DEIPNON yn yr holl enghreifftiau hyn er fod y gair, mewn gwirionedd, yn golygu "prif bryd y dydd, yr hwn a gymmerai le yn yr hwyr, pan fyddai gwaith y dydd drosodd" [William Edwards, *Cyfieithiad Newydd o'r Testament Newydd . . . I* (1894), sylw ar Ioan 12:2]. Pryd o fwyd tra phwysig a sylweddol, felly, yw'r DEIPNON - y Swper a rannodd yr Arglwydd a'i ddisgyblion yn yr Oruwch Ystafell (Luc 22:20; Ioan 13:2,4 cymh. 21:20). Roedd yr Eglwys Fore yn cofio digwyddiadau'r Oruwch Ystafell drwy drefnu gwledd go iawn, a chŵyn yr Apostol Paul oedd bod rhai yng Nghorinth yn gwrthod rhannu ag eraill y cyfraniadau a ddygent i'r wledd ac o'r herwydd yn gorfwyta a goryfed (1 Cor. 11:20, 27).

Lleihaodd yr hyn y byddwn yn derbyn i'w fwyta a'i yfed yn y Cymun erbyn hyn, ond mae'n dal yn DEIPNON ysbrydol. Ceisiodd y Tadau Anghydffurfiol ddiogelu'r syniad o bwysigrwydd Swper yr Arglwydd drwy fynnu bod y sawl a gollai dri Chymundeb yn olynol yn atebol i'r Cwrdd Eglwys; yn yr Eglwys Esgobol, disgwylir i aelod fynychu tri Chymun y flwyddyn neu golli'r hawl i aros ar Rôl yr Etholwyr. Nid ystyrir Swper yr Arglwydd, felly, yn hwyr-bryd ysgafn, a hyd yn oed os nad yw'n foddion o ras arbennig, y mae'n para yn foddion arbennig o ras.

> Fy Nuw, a yw dy Fwrdd yn llawn?
> A yw dy Wledd yn werthfawr iawn?
>   O doed dy blant ymlaen i gyd,
>   I brofi dy ddanteithion drud.
>   O boed y Wledd yn fawr ei bri,
>   A thyrfa hardd byth ynddi hi;
> O boed i bawb a ddêl i hon
> Gael heddwch Duw o dan eu bron.
> (Philip Doddridge, cyf. *Hymnau Hen a Newydd*)

69

GWYNFYD Y CRISTION - MAKARIOS

Rwy'n meddwl mai Mark Twain a ddywedodd rywbryd nad y darnau hynny o'r Beibl *na* ddeallai a'i gofidiai, ond y darnau hynny *a* ddeallai! I'r mwyafrif ohonom, dichon mai'r darnau mwyaf cyfarwydd yw'r darnau mwyaf anodd eu deall a'u dehongli. Ers yn blant yn adrodd adnodau mewn oedfa, bu geiriau'r Gwynfydau yn dra chyfarwydd inni - ond a ydym erioed wedi deall eu hystyr a'u harwyddocâd?

Nid oes amheuaeth fod rhai o feddylwyr craffaf yr eglwys wedi ymgodymu ag ystyr y Bregeth ar y Mynydd - ac wedi amrywio'n fawr yn eu barn ynglŷn â phwrpas a neges yr Arglwydd Iesu.

I'r nofelydd, Leo Tolstoy, cynllun yr Arglwydd i sefydlu nefoedd ar y ddaear yw'r Bregeth. Ni chredai ei fod yn hawdd i ymostwng i'w ofynion, ond credai fod y gofynion yn gwbl ymarferol. Anghytunai Albert Schweitzer a ddadleuai mai *Interimsethik* oedd y Bregeth ar y Mynydd. Hawliai ef fod yr Iesu yn credu fod y diwedd gerllaw ac y gellid disgwyl ymyrraeth Duw yn hanes y byd ar fyrder. Darluniodd yr Arglwydd Iesu, felly, y ffordd y dylai dyn fyw yn y cyfnod byr a oedd ar ôl iddo, ac ni fwriadodd i'r Bregeth fod yn batrwm i ddyn ei ddilyn yn yr amser hir. Gofyniadau tymor byr yn unig - *Interimsethik* - geir yn y Bregeth ar y Mynydd yn ôl Schweitzer. Awgrym mwy cyffredinol yw fod y Bregeth yn dangos yr hyn *ddylai* fod yn hytrach na'r hyn sydd neu all fod yn hanes dyn; ac amrywiaeth ar y syniad hwn yw'r awgrym mai patrwm yw'r bregeth y bydd y Cristion yn ei gadw mewn cof ac yn anelu ato, gan nad faint mor amherffaith fydd ei ymdrechion. Yn y cyswllt hwn gellir cofio mai *Y Portread* oedd y teitl a roes y Prifathro Tom Ellis Jones ar ei lyfr o fyfyrdodau ar y Bregeth ar y Mynydd, gan ddyfynnu Hebreaid 8:6 ar yr wyneb-ddalen:

Canys gwêl ... ar wneuthur ohonot bob peth yn ôl y portread a ddangoswyd i ti yn y mynydd.

Proffwydoliaeth oedd y Bregeth ar y Mynydd i Reinholdt Niebuhr. Dywedai ei bod yn rhagfynegi yr hyn a fydd yng nghyflawnder yr amser pan fydd llywodraeth yr Arglwydd wedi ei sefydlu'n derfynol. Ar y llaw arall, pwrpas ymarferol i'r Bregeth a welodd Gerhard Kittel, sef ymgais i greu anobaith mewn dyn a fyddai, maes o law, yn arwain at edifeirwch. Pan sylweddola dyn fod y nod a roes yr Iesu o'i flaen yn anghyraeddadwy yn ei nerth meidrol ef ei hun, fe edifarha a bwrw ei hun ar drugaredd a gras Duw.

Nid yw'r un o'r dehongliadau uchod yn bodloni Joachim Jeremias gan eu bod i gyd yn tueddu i wneud y Bregeth yn *ddeddf* a'i hamddifadu o'r *efengyl*. Iddo ef, y mae adnabyddiaeth y gwrandawyr o'r Pregethwr, a'i bresenoldeb Ef gyda hwy, yn eu galluogi i fyw yn debycach iddo a'r portread o'i fywyd ei hun a roddodd iddynt yn y Bregeth. Nid herio'r gwrandawyr a wnaeth yr Iesu ond cynnig iddynt ddarlun o'r ffordd y mae dynion yn byw pan yw eu perthynas ag Ef yn un iach a chywir.

Yn y cyswllt hwn, y mae'r ansoddair MAKARIOS, *gwyn eu byd* neu *hapus*, fel disgrifiad o Gristnogion yn un diddorol. Gwelir y gair 49 gwaith yn y Testament Newydd - 28 gwaith yn efengylau Mathew a Luc, bob tro ar wefusau'r Iesu.

Dim ond dwywaith (1 Tim. 1.11 a 6.15) y caiff ei ddefnyddio i ddisgrifio Duw ei Hun, er bod awduron clasurol gwlad Groeg yn defnyddio'r gair yn bennaf i ddisgrifio'r duwiau a'r gwynfyd a fwynhânt hwy. Yn ddiweddarach cafodd y gair ei ddefnyddio i ddisgrifio dynion meidrol pan fendithir hwy â'r math o wynfyd a ystyrir yn eiddo i'r duwiau'n unig.

Awgrymodd F. W. Boreham fod defnydd yr Hen Fyd o'r ansoddair MAKARIOS i ddisgrifio Ynys Cyprus yn taflu peth goleuni ar ei ystyr a'r rheswm ei fod yn gysylltiedig â'r duwiau. Ystyrid Cyprus yn le delfrydol, gwynfydedig. Roedd y tywydd a'r hinsawdd yn berffaith; roedd y tir yn cnydio'n ffrwythlon ac yn cynnig digonedd o bob math o ddanteithion - yn fwyd a diod - i'r trigolion; ac roedd yr adnoddau naturiol yn ddiddiwedd. Cynhwysai'r ynys gyflawnder o bopeth a oedd yn angenrheidiol i fywyd dymunol.

Cyflawnder, felly, sy'n nodweddu bywyd a gwynfyd y duwiau - y math o gyflawnder sy'n cylchynu gwerddon *(oasis)* mewn diffaethwch, ac mae'n arwyddocaol fod enghreifftiau ar gael o'r ansoddair MAKARIOS yn cael ei gysylltu â gwerddonau. Y mae'r crastir o gwmpas y werddon yn amddifad o holl angenrheidiau bywyd; tra bod cyflawnder o'r hyn sydd eisiau i gynnal bywyd wrth law yn y werddon yn ei gwneud yn "MAKARIOS". Onid oes rhywbeth deniadol yn y syniad fod Cristion "MAKARIOS" megis gwerddon mewn diffaethwch ysbrydol? Un peth na ellir ei amau yw mai dim ond person yn meddu ar gyflawnder o ras a allai gwrdd â gofynion y Bregeth ar y Mynydd.

Yn yr Aramaeg y byddai'r Iesu wedi llefaru'r geiriau, ac awgryma Maurice Loader fod y gair MAKARIOS yn cyfleu "*ebychiad o lawenydd, yn golygu rhywbeth tebyg i 'O'r fath ddedwyddwch sy'n eiddo i'r rhai sydd ...!'*" Os felly, y mae'n dangos fod yr Arglwydd yn disgwyl i'r Cristion "MAKARIOS" arddangos y rhinweddau a ddarluniodd yn y Bregeth ar y Mynydd. Ond "Mawr y gwahanfur rhyngom â'r gwynfyd"; a phan gofiwn fod yr ymadrodd "Gwyn fyd ..." yn y Gymraeg hefyd yn gallu awgrymu *dymuniad* (fel yn y frawddeg, "Gwyn fyd na ddeuai!"), ni allwn anghofio mor bell ydym o'r delfryd a ddarluniodd yr Arglwydd ar ein cyfer.

HEB YMOLCHI – APHANIZÔ

Mor bell yn ôl â 1778 dechreuwyd darganfod sgrapiau o bapurfrwyn yn yr Aifft a oedd i daflu goleuni newydd ar ystyron geiriau yn y Testament Newydd, er na sylweddolwyd eu gwerth na'u harwyddocâd tan ddiwedd y bedwaredd ganrif ar bymtheg. Darnau anllenyddol mewn Groeg sathredig y werin oedd y papurfrwyn

> ... yn cynnwys pethau fel gweithredoedd cyfreithiol, prydlesi, talebau, ewyllysiau, llyfrau cownt, llythyrau preifat a gorchmynion gwladol ac ymerodrol, hynny yw, ysgrifeniadau dynion cyffredin wrth eu gwaith beunyddiol (Isaac Thomas, *Cefndir y Testament Newydd* (1966)).

Yr oedd yr iaith a'r arddull yr un ag iaith ac arddull y Testament Newydd ac ar y dechrau defnyddid y Testament Newydd i daflu goleuni ar y papurfrwyn. Ond tua 1893 sylweddolodd Adolf Deissmann fod y papurfrwyn, hwythau, yn taflu goleuni ar y Testament Newydd.

Un o'r geiriau y cafwyd goleuni arno yw APHANIZÔ. Yr oedd ei ystyr glasurol yn hysbys i'r cyfieithwyr o'r dechrau, ond wrth ei drosi gwelwyd nad oedd yr un gair Cymraeg yn siwtio bob tro ac felly, yn unol â gofynion y cyd-destun cafwyd sawl ymgais i'w gyfieithu megis *anffurfio* (Mathew 5:16); *llygru* (Mathew 6:19, 20) a *diflannu* (Actau 13:41; Iago 4:14).

Ystyr llythrennol y gair yn ôl ei elfennau Groeg yw *peri i ddiflannu*. Mae'r hen gyfieithiad a'r *B.C.N.* felly yn llygad eu lle wrth gyfieithu'r gair yn Actau a Iago, a gellir gweld pam cyfieithir y gair yn Mathew 6:19 a 20 fel *llygru*, *difa*, ac ati. Mae hyd yn oed "*i'w bwyta nhw*" (aralleiriad Islwyn Ffowc Elis o Efengyl Mathew) yn dderbyniol – diflannai'r trysorau pe bai gwyfyn yn eu difa neu rwd yn eu llygru a'u bwyta.

Ond sut mae esbonio *anffurfio* fel cyfieithiad o'r un gair yn Mathew 6:16 – a hynny ers dyddiau William Salesbury? Cyfiawnhaodd William Edwards y cyfieithiad drwy ddweud ar waelod y ddalen am y rhagrithwyr: "... hwy a ddileant, neu a guddiant eu gwynebau gwirioneddol." Fodd bynnag, y mae'r defnydd o'r gair APHANIZÔ yn y papurfrwyn yn awgrymu gwell cyfieithiad – a gwell esboniad –

nag a welir yn y cyfieithiadau Cymraeg. Yn y papurfrwyn defnyddir y gair am *beidio ag ymolchi*. Nid yn gymaint "*tynnu wynebau hirion*" a wnâi'r rhagrithwyr er mwyn tynnu sylw at y ffaith eu bod yn ymprydio (cyfieithiad Islwyn Ffowc Elis) ond peidio ag ymolchi!

Yr hyn a ddywedodd yr Iesu, felly, oedd:

Pan fyddwch yn ymprydio, peidiwch ag edrych yn sarrug fel y rhagrithwyr. Y maent hwy'n *difwyno* (*trochi*, *baeddu*) *eu hwynebau* er mwyn i ddynion sylwi eu bod yn ymprydio.

Cydia'r adnod nesaf yn naturiol wrth y syniad hwn:

Ond pan fyddi di'n ymprydio, eneinia dy ben *a golch dy wyneb* fel nad dynion a gaiff weld dy fod yn ymprydio, ond yn hytrach dy Dad, sydd yn y dirgel...

A derbyn mai'r Phariseaid yw'r rhagrithwyr sydd gan yr Iesu mewn golwg, mae rhyw eironi rhyfedd yn y ffaith fod dynion, a oedd yn rhoi pwyslais mawr ar fod yn seremonïol lân, yn ceisio tynnu sylw at eu duwioldeb drwy beidio ag ymolchi!

HIR DYMER, NEU "RHYFEDD AMYNEDD DUW" - MACROTHUMIA.

Ychydig dros drichanmlynedd yn ôl, ym Mai 1689, pasiwyd Deddf Goddefiad a ganiataodd i'r Ymneilltuwyr ryddid o ofynion *rhai* o'r deddfau hynny a oedd yn treisio'u cydwybod. Yn ymarferol, caniatáu rhyddid addoli i un garfan o Anghydffurfwyr a wnaeth y Ddeddf ac nid cynnig dinasyddiaeth lawn i bawb. Cadwyd rhai o ddeddfau mwyaf gormesol y *Clarendon Code* yn y deddflyfr ac ni welwyd yn dda i gynnwys Pabyddion nac Undodiaid yn y Goddefiad o dan amodau'r Ddeddf. Nid amheuai'r Llywodraeth mai ganddi hi yr oedd yr hawl i benderfynu beth ddylid ei gredu a sut dylid addoli, na chwaith ei bod yn meddu'r gallu i orfodi dinasyddion i gydymffurfio, ond dewisai atal nerth ei braich a chaniatáu rhyddid amodol i un dosbarth na chydymffurfiai â Deddf Gwlad.

Y mae'r hyn a ddigwyddodd drichanmlynedd yn ôl yn help inni ddeall un o eiriau mawr y Testament Newydd, MACROTHUMIA, yn enwedig yn ei berthynas â Duw. Dengys cwestiwn Paul yn Rhufeiniaid 9:22 nad yw'n amau na gallu na hawl y Crochenydd Dwyfol i wneud beth a fyn â'r "llestri hynny sy'n wrthrychau digofaint [iddo] ac [sy'n] barod i'w dinistrio" (*B.C.N.*); er hynny, oherwydd ei "hir amynedd" (MACROTHUMIA), y mae wedi atal ei law rhag eu chwalu. Yng ngoleuni hyn, deffiniad Chrysostom o'r gair MACROTHUMIA yw:- "yr ysbryd sy'n gwrthod dial er y gallai pe dymunai wneud hynny"; tra bod William Edwards yn dweud, "Dynoda ... 'heb roddi ffordd i lid a dial'."

Hirymaros neu *amynedd* yw'r ffordd arferol o drosi'r gair i'r Gymraeg, ond ei ystyr lythrennol yw *hir-dymer* (y gwrthwyneb i dymer fer), a dyma un o rinweddau mawr Duw yn ei ymwneud â dyn. Y mae Duw'n "araf i ddigio" (Ex. 34:6; Neh. 9:17; Jona 4:2, &c., *B.C.N.*) ac am nad yw'n fyr ei dymer yr oedodd yn nyddiau Noa ac arddangos amynedd (MACROTHUMIA) mawr gan roi cyfle i'r bobl edifarhau cyn iddo, o'r diwedd, arddangos ei allu drwy foddi'r byd (I Pedr 3:20). Yn yr un modd,

Nid yw yr Arglwydd yn oedi cyflawni ei addewid, fel y bydd

rhai pobl yn deall oedi; bod yn ymarhous (MACROTHUMIA) wrthych y mae, am nad yw'n ewyllysio i neb gael ei ddinistrio, ond i bawb ddyfod i edifeirwch

ac oherwydd hynny, "Ystyriwch hirymaros (MACROTHUMIA) ein Harglwydd yn iachawdwriaeth" (2 Pedr 3:9,15 *B.C.N.*).

Gan fod MACROTHUMIA yn un o rinweddau Duw ei hun, y mae'n naturiol fod galw ar y Cristion i arddangos y rhinwedd hon yn ei fywyd yntau hefyd. Wrth gwrs, ni all y MACROTHUMIA sy'n perthyn i ddyn meidrol fod yn union yr un fath ag eiddo'r Duw Hollalluog - nid yw ond cysgod o MACROTHUMIA Duw ei hun. Er hynny, daw i'r amlwg pan yw'r Cristion yn cadw ei dymer o dan reolaeth a pheidio â bod yn ddiamynedd, (1) yn ei ymwneud â chyd-ddyn, (2) mewn perthynas ag amgylchiadau.

(1.) Y mae "goddefgarwch" yn un o ffrwyth yr Ysbryd (Gal. 5:22, *B.C.N.)* ac mae bod yn "hirymarhous" yn nodwedd o gariad Cristnogol (Cor. 13:4). Y mae bod yn Gristion teilwng yn golygu bod yn "amyneddgar", gan oddef ein gilydd mewn cariad (Effes. 4:2, *B.C.N.).* "Amynedd", yn wir, yw un o nodweddion etholedigion Duw (Col. 3:12, *B.C.N.)* ac mae'n rhinwedd na ellir ei chyfyngu i'n hymwneud â'n cyd-Gristnogion yn unig gan fod ysgrythur yn gorchymyn: "... byddwch yn *amyneddgar* wrth bawb" (1 Thes. 4:14).

Y mae'n sicr fod MACROTHUMIA yn un o rinweddau neilltuol y weinidogaeth Gristnogol, gan i Paul nodi "goddefgarwch" ymhlith y pethau sy'n profi dilysrwydd gweinidog y Gair (1 Cor. 6:6, *B.C.N.)*. Honna'r Apostol fod yr Arglwydd wedi gorfod arddangos "ei faith *amynedd*" (*B.C.N.)*, "ei holl *hir ymaros*" (William Edwards), yn ei achos ef, "y pènaf o bechaduriaid" (*Oraclau Bywiol),* a bod hyn yn *batrwm* (B.C.N.) ac yn *esiampl* (William Edwards) o'r ffordd y mae yn ymwneud â phob dyn (1 Tim. 1:16). Cred, felly, ei fod ef ei hun yn enghraifft fyw o MACROTHUMIA Duw ac ymhyfryda yn y ffaith ei fod yn cael cyfle i adlewyrchu'r un rhinwedd yn ei fywyd fel gweinidog (2 Tim. 3:10). Tanlinella hefyd yr angen am "*amynedd di-ball*" wrth gyflawni un o orchwylion pwysicaf y gweinidog, sef hyfforddi (2 Tim. 4:2, *B.C.N.).*

(2.) Disgwylir i'r Cristion arddangos MACROTHUMIA mewn perthynas ag amgylchiadau hefyd. Nid yw Duw bob amser yn cyflawni ei addewidion ar unwaith; bu'n rhaid i Abraham ddisgwyl yn hir wrth Dduw cyn bod yr addewid i'w fendithio a'i amlhau yn cael ei gwireddu;

ond, "gwedi iddo *hirymaros*, efe á gafodd yr addewid" (Heb. 6:15, *Oraclau Bywiol*). Dyma'r rhinwedd sydd ar y Cristion ei hangen tra'n disgwyl am ddyfodiad y Crist:

Byddwch yn amyneddgar, frodyr, hyd ddyfodiad yr Arglwydd. Gwelwch fel y mae'r ffermwr yn aros am gynnyrch gwerthfawr y ddaear, yn *fawr ei amynedd* amdano nes i'r ddaear dderbyn y glaw cynnar a diweddar. Byddwch chwithau hefyd yn *amyneddgar*, a'ch cadw eich hunain yn gadarn, oherwydd y mae dyfodiad yr Arglwydd wedi dyfod yn agos (Iago 5:7-9, *B.C.N.*, gan ddefnyddio'r ferf MACROTHUMEÔ).

Yn ystod y cyfnod o ddisgwyl amyneddgar am ddyfodiad y Crist, mae'n bosibl y bydd galw ar y Cristion i ddioddef oherwydd ei ffydd. Yn y fath sefyllfa bydd disgwyl iddo "ddyfalbarhau a *hirymaros* yn llawen ym mhob dim" (Col. 1:11, *B.C.N.*) - ymadrodd y mae William Edwards yn ei ddehongli:

["dyfalbarhau" yw] "dal i fyny yn wrol," yn wyneb ymosodiadau *personau;* "hir-ymaros," yn wyneb *pethau*.

Un peth sy'n sicr, pa un ai yn ei ymwneud â chyd-ddyn, ynteu mewn perthynas ag amgylchiadau, caiff y Cristion ddigon o gyfle i adlewyrchu MACROTHUMIA ei Waredwr - y goddefgarwch hwnnw a glodforodd Morgan Rhys, Llanfynydd, pan ganodd:

Dewch, hen ac ieuanc, dewch,
At Iesu, mae'n llawn bryd;
Rhyfedd amynedd Duw
Ddisgwyliodd wrthym cyd:
Aeth yn brynhawn, mae yn hwyrhau;
Mae drws trugaredd heb ei gau.

Dewch, bechaduriaid mawr,
Y duaf yn y byd,
Trugaredd sydd gan Dduw
 I chwi, er oedi cyd;
Ni chofia ef eich mynych fai,
Gall gwaed y Groes eich llwyr lanhau.

JUNIA - MERCH YN APOSTOL?

Yr ydym wedi trafod y gair APOSTOLOS mewn man arall. Dychwelwn yn anuniongyrchol at y gair eto oherwydd yr hyn a ddywedodd y Pab Ioan Paul II mewn dadl ynghylch ordeinio merched un tro. Honnir iddo ddweud na ddylid ordeinio gwragedd am nad oedd merch ymhlith yr Apostolion - safbwynt y byddai Bedyddwyr y De yng Ngogledd America a llawer iawn o Brotestaniaid uniongred arall yn ei Amenio, er gwaethaf y ffaith mai i'r Pab y tadogir y dyfyniad.

Ond a yw'n bosibl fod merched ymhlith yr Apostolion?

Ni ellir amau fod y merched yn chwarae rhan amlwg ym mywyd yr Eglwys Fore, yn ôl tystiolaeth y Testament Newydd ei hun - mwy amlwg, efallai, nag yr awgyma'r cyfeiriadau atynt. Er enghraifft, ni fyddai neb yn amau fod merched ymhlith y "saint" a'r "etholedigion" y cyfeiria Paul atynt yn fynych yn ei epistolau; ond a ydym yn sylweddoli eu bod hefyd ymhlith y "brodyr" y mae'n eu cyfarch? Gwir mai "brawd" yw ystyr ADELPHOS, ond pan ymddengys y gair yn y lluosog gall olygu *"fellow-Christians"* (geiriadur Souter) neu *"fellow-believers/fellowmen"* (geiriadur yr United Bible Societies). Prin y byddai neb, felly, yn gwrthwynebu cyfieithu geiriau Paul yn Philipiaid 1:12:

> Yr wyf am i chwi wybod, *frodyr a chwiorydd* fod y pethau a ddigwyddodd i mi wedi troi, yn hytrach, yn foddion i hyrwyddo'r efengyl...

Ond a fyddem yn fodlon caniatáu fod merched yn gynwysedig yn yr un gair pan ymddengys yn adnod 14?

> [Daeth] yn hysbys trwy'r holl Praetoriwm ac i bawb arall mai er mwyn Crist yr wyf yng ngharchar, a bod y mwyafrif o'r *brodyr a chwiorydd*, oherwydd i mi gael fy ngharcharu, wedi dod yn hyderus yn yr Arglwydd, ac yn fwy hy o lawer i lefaru'r gair yn ddi-ofn.

Os derbynir y cyfieithiad hwn, dengys fod merched o'r dechrau yn chwarae rhan weithredol yn y gwaith o ledaenu'r efengyl. Ac oni ddylid credu mai "i fwy na phum cant o'r *brodyr a'r chwiorydd*"(I Cor. 15.6) yr ymddangosodd yr Arglwydd atgyfodedig?

Beth, felly, am y gair APOSTOLOI? A yw hi'n bosibl fod

merched hefyd ynghudd yn y gair hwn ac i'w canfod ymhlith yr Apostolion y cyfeirir atynt mor fynych? Dyma lle mae'n rhaid ystyried JUNIA neu JUNIAS, cymeriad a ddaw i'r golwg yn Rhufeiniaid 16:7:

> Anherchwch Andronicus a JUNIA, fy ngheraint a'm cyd-carcharorion, y rhai sydd hynod ymhlith yr apostolion, y rhai hefyd oeddynt yng Nghrist o'm blaen i (*BC*).
>
> Cyfarchion i Andronicus a JWNIAS, sydd o'r un genedl â mi, ac a fu'n gyd-carcharorion â mi, gwŷr amlwg ymhlith yr apostolion, a oedd yn Gristnogion o'm blaen i (*BCN*).

Gan fod yr enw'n ymddangos fel gwrthrych y ferf yn y testun Groeg, ei ffurf yw JUNIAN. Sylw William Edwards mewn nodyn gwaelod-y-ddalen yw: "Gall y gair fod y naill rhyw neu y llall" - a'r cwestiwn a gyfyd yn naturiol, felly, yw, A ddaw yr enw JUNIAN o JUNIA (enw gwraig) neu JUNIAS (enw dyn)?

Mae'n amheus a fyddai dadl yn codi o gwbl ynghylch yr ateb i'r cwestiwn onibai fod Andronicus a JUNIA(S) "ymhlith yr apostolion". Y mae JUNIA yn enw Rhufeinig cyffredin a chyfarwydd ar ferch; ond yn ôl C.E.B. Cranfield, nid oes un enghraifft ar gael mewn hen destunau o ddyn yn cacl ci alw'n Junias! Er hynny, y mae'r mwyafrif o esbonwyr cyn Cranfield (1979) a John Ziesler (1989) wedi ceisio osgoi dod i'r casgliad fod merch ymhlith yr Apostolion.

Safbwynt Hans Lietzmann oedd bod y cyfeiriad at Apostolion yn y cyd-destun yn profi mai enw dyn sydd yma; a threuliodd llawer o ysgolheigion eraill eu hamser yn dyfalu pa enw gwrywaidd a gynrychiolir gan y ffurf JUNIAN. Un ateb poblogaidd yw bod JUNIAS yn dalfyriad o "Junianus" (fel y mae Silas yn dalfyriad o Silvanus). Byddai hyn yn galw am acen grom yn y Groeg, ac er fod acen grom i'w weld mewn testunau modern, nid ymddangosodd tan y ganrif hon - yn wir, y mae pob testun cyn y nawfed neu'r ddegfed ganrif yn cael ei ysgrifennu heb nodi'r acenion o gwbl!

Ail ffordd o osgoi cydnabod fod merch ymhlith yr Apostolion yw trwy ddadlau mai ystyr trydydd cymal yr adnod oedd bod yr Apostolion eu hunain yn mawrygu Andronicus a JUNIA - nid bod y ddau hynny yn amlwg ymhlith yr Apostolion.

Ffordd arall eto, yw ysgrifennu "apostolion" ag "a" fach, gan awgrymu fod y Testament Newydd yn arddel dau ddosbarth o apostolion, sef y Deuddeg a Phaul ar y naill llaw, a 'negesydd' neu 'gynrychiolydd eglwys'" (W.B.Griffiths) ar y llaw arall. Ond a yw hyn yn gyson â deffiniad Paul o gymwysterau Apostol sydd gwestiwn arall.

Ymddengys, felly, fod enwi JUNIA yn Rhufeiniaid 16:7 – "Gwraig yn cyflawni gwaith apostol" - yn dipyn o embaras i lawer o Gristnogion ein cyfnod ni ac yn "dipyn o sioc i'r gwrth-hyrwyddwyr hawliau benywod" (Dafydd G. Davies, *Dod a Bod yn Gristion*). Yr hyn sy'n ddiddorol ac yn arwyddocaol yw nad oedd felly i'r Tadau Eglwysig. Nid oes amheuaeth eu bod hwy yn derbyn mai merch oedd JUNIA - yn wir, ambell waith y maent yn cyfeirio ati hi fel JULIA, fel y gwna o leiaf un darn o'r Testament Groeg ei hun sy'n dyddio o'r ail/ drydedd ganrif. Tynnodd Chrysostom sylw i'r ffaith fod JUNIA yn wraig ac yn apostol, a bod Paul yn ei chanmol yn fawr. Yn ôl un arall o'r Tadau, gŵr a gwraig oedd Andronicus a JUNIA, tra bod neb llai nag Origen yn awgrymu eu bod hwy ill dau ymhlith y deuddeg a thrigain a gomisiynodd yr Arglwydd Iesu i fynd allan yn ei enw (Luc 10:1-16) - rhywbeth a fyddai'n cadarnhau hawl JUNIA i'w galw'n Apostol.

Nid yw hawlio fod JUNIA ymhlith yr Apostolion yn ateb pob dadl ysgrythurol sydd gan y sawl a wrthwyneba ordeinio merched i'r Weinidogaeth - ond y mae'n tanseilio un o'r rhesymau a ystyrir ymhlith y goreuon.

LLYFR - BIBLOS

Dwyn gras i bob dyn a gred,
Dwyn geiriau Duw'n agored;

dyna, yn ôl Siôn Tudur, a wnaeth yr Esgob William Morgan wrth drosi'r Beibl i'r Gymraeg.

O'r gair Groeg BIBLOS y cawsom yr enw "Beibl". Yr oedd y gair wedi datblygu'r ystyr o *lyfr* pan fenthyciwyd ffurf ohono gan amryw o ieithoedd fel enw ar gyfer yr Ysgrythyrau; ond yn wreiddiol defnyddid BIBLOS fel enw am risgl mewnol planhigyn papurfrwyn. Y rhisgl, y BIBLOS, oedd defnydd crai papur yr Hen Fyd ac felly daeth BIBLOS yn ei dro yn enw ar y math o bapur a wnaethpwyd yn yr Aifft, ac yna'n ddiweddarach defnyddid y gair yn enw am lyfr, beth bynnag oedd ffurf y llyfr hwnnw, pa un a oedd yn rôl ynteu'n gyfrol. Bychanigion o BIBLOS yw'r geiriau BIBLION a BIBLARIDION a welir hefyd yn y Testament Newydd.

Llyfr yw trosiad arferol y gair BIBLOS, sy'n ymddangos 13 gwaith yn y Testament Newydd. Fel arfer y mae'r llyfr y cyfeirir ato yn un cysegredig. Ar un llaw, gall hwnnw fod yn llyfr y mae modd i ni edrych arno heddiw, megis *llyfr* Moses (Marc 12.26); *llyfr* y Salmau (Luc 20.42; Actau 1.20); *llyfr* Eseia (Luc 3.4); *llyfr* y Proffwydi (Actau 7.42); neu'r *Llyfr* Datguddiad (Dat. 22.19). Ar y llaw arall, gall olygu llyfr sydd ynghadw gan Dduw ei hun, sef "*Llyfr* y Bywyd" (Phil. 4.3; Dat. 3.5; 13.8; 20.15 - ac hefyd 22.19 yn ôl un hen ddarlleniad a wrthododd William Edwards a'r *B.C.N.*). *Rhestr* yw cyfieithiad y *B.C.N.* o BIBLOS yn Mathew 1.1, er i rai esbonwyr ddeall y gair fel cyfeiriad at *lyfr* Efengyl Mathew ei hun. Nid oes amheuaeth, fodd bynnag, mai llyfrau secwlar oedd y rhai hynny a losgwyd yn Effesus fel canlyniad i waith cenhadol Paul yn y ddinas (Actau 19.19). Amcangyfrifwyd fod eu gwerth yn "hanner can mil o ddarnau arian" (*B.C.N*) - neu tua £1,800 yn 1898 yn ôl cyfrif William Edwards!

Ceir BIBLION 32 gwaith yn y Testament Newydd, 20 ohonynt yn y Llyfr Datguddiad. Er na welir yr ansoddair "bychan" mewn unrhyw gyfieithiad Cymraeg o'r gair, "llyfr *bychan*" yw BIBLION, mewn gwirionedd; ond defnyddid y gair hefyd am *sgrôl* a *phapur* ac felly'r cysylltiadau sy'n penderfynu sut y trosir y gair yn ein Testament

Newydd. Dyna paham y darllenwn yn Luc 4.17:- "Rhoddwyd iddo *lyfr* [BIBLION] y proffwyd Eseia, ac agorodd y *sgrôl* [BIBLION] a chael y man lle'r oedd yn ysgrifenedig: 'Y mae Ysbryd yr Arglwydd arnaf ...'" (*B.C.N.*). Yn Datguddiad 6.14, y mae'r gymhariaeth yn caniatâu cyfieithu'r gair fel *rol-o-bapir* (Salesbury), *rhôl* (*Oraclau*) neu *sgrôl* (*B.C.N.*), er bod Beibl William Morgan (1588) yn darllen: "A'r nef a aeth heibio fel *llyfr wedi ei blygu yng-hyd*". Y mae'r gair yn Mathew 19.7 a Marc 10.4 fel pe'n hawlio trosiad amgenach na *llyfr* - *llythyr* yw'r dewis poblogaidd, er i William Edwards fentro "*ysgrif* ysgar" ac "*ysgrifdyst* ysgar". Am ei *lyfrau* [bychain] yr oedd Paul yn galw yn II Timotheus 4.13, ond nid yw'n amhosibl mai ei bapurau personol a olygai.

Ymddengys y gair BIBLARIDION bedair gwaith yn y Testament Newydd, bob tro yn y ddegfed bennod o'r Datguddiad (adnodau 2,8,9,10). Os rhywbeth, y mae'n golygu llyfr llai na'r BIBLION. "Bychanigyn dyblyg, 'llyfryn bychan bach'" ydyw, yn ôl William Edwards, er mai *llyfryn bychan* a rydd yn ei gyfieithiad, tra bod y *B.C.N.* yn dewis *sgrôl fechan*. Amrywia'r esbonwyr yn eu barn ynghylch arwyddocâd y "llyfryn bychan bach" hwn y gorchmynnir i Ioan ei *fwyta* (*Oraclau*, William Edwards, *C.P.C.*, *B.C.N.*) neu ei *lyncu* (Salesbury); ond gan fod galw ar Ioan i broffwydo ar ôl iddo ufuddhau i'r gorchymyn, yr esboniad naturiol yw fod y llyfryn yn cynrychioli gair a neges Duw i ddyn. Bwyd ysbrydol yw'r "llyfr bychan bach" ac os felly, y mae'r hyn a ddywedir am y BIBLARIDION yn berthnasol i ddarllenwyr y Beibl ym mhob cyfnod.

(1) Y mae'r Beibl yn fwyd y mae'n rhaid inni ei *fwyta a'i dreulio* ein hunain fel y cawn ein meithrin ac y tyfwn yn ysbrydol. Rhaid inni drwytho'n hunain yn y Gair er mwyn inni ei ddeall ac iddo ddod yn rhan ohonom (adnod 9).

(2) Y mae'r Beibl yn faethlon, eithr *nid melyster yw i gyd*. Cam â'r Gair yw gwadu'r "chwerw" sy'n perthyn iddo. Melys yw cariad, gras, a maddeuant; ond ni ellir anwybyddu chwerwder pechod, poen a barn sydd hefyd yn rhan o'r neges (adnod 10).

(3) Y mae'r Beibl *yn fwyd ar gyfer eraill hefyd*. Ni roddwyd yr ymborth ysbrydol i'r Gweledydd i'w fwyta er ei fwyn ef ei hunan yn unig. Wedi iddo ef gael ei ddigoni, ei gyfrifoldeb yw rhannu ag eraill (adnod 11).

Felly, braint a chyfrifoldeb yw ein bod ni'n cael gwahoddiad o'r newydd i "gymryd y llyfr agored o law yr angel nerthol" a chlywed y gorchymyn, "Cymer ef a gad i'w neges ddod yn rhan ohonot ti". Fel y canodd Gwilym R. Tilsley:

> Mawl i Dduw am air y bywyd,
> Gair y nef yn iaith y llawr,
> Gair y cerydd a'r gorchymyn,
> Gair yr addewidion mawr;
> Gair i'r cadarn yn ei afiaith,
> Gair i'r egwan dan ei bwn,
> Cafodd cenedlaethau daear
> Olau ffydd yng ngeiriau hwn.

> Fel y bu ei addewidion
> Gynt i'n tadau'n hyfryd wledd,
> Diolch am ei dderbyn eto
> Yn ein hiaith ar newydd wedd;
> Aed ei neges eto'n eirias
> Trwy genhadaeth plant y ffydd,
> Fel y delo'n air y bywyd
> I drigolion Cymru fydd.

OFERGOEL? - DEISIDAIMON

Gweld y ddinas yn llawn o eilunod a sylwi'n arbennig ar un allor ac arni'n ysgrifenedig y cyflwyniad "I dduw anadnabyddus" (Actau 17: 23, cyfieithiad William Edwards) a sbardunodd ymdrechion Paul i bregethu yn Athen. Roedd gan y Groegiaid nifer fawr o dduwiau a cheisient gydnabod a pharchu pob un ohonynt gan eu bod yn credu mai rhyw dduw neu'i gilydd oedd yn gyfrifol am bob llwydd a thrychineb a ddeuai i'w rhan. Ond ofnent y gallai duw na wyddent amdano fodoli, ac felly, rhag ei ddigio yntau, roeddent wedi adeiladu allor i'w anrhydeddu - fel, yn wir, y gwnaethpwyd mewn llawer dinas arall yng Ngwlad Groeg. Nid oes unrhyw sail i gredu mai Duw Israel oedd "y duw anadnabyddus", na chwaith fod yr Atheniaid yn meddwl am dduw na ellid dod i'w adnabod. Yswiriant oedd yr allor - rhag ofn!

Wrth bregethu ar yr Areopagus, felly, y mae Paul yn dechrau gyda'r frawddeg,

Ha wŷr Atheniaid, mi a'ch gwelaf chwi ym mhob peth yn dra choel grefyddol... (Actau 17:22, y Beibl Cymraeg)

Ond nid pobl "*tra choel grefyddol*" yw pobl Athen yn ôl y cyfieithiadau diweddaraf ond pobl tra "*chrefyddgar*" (*Oraclau Bywiol, B.C.N.*), pobl tra "*chrefyddol*" (*Cyfieithiad Prifysgol Cymru*) neu pobl sy'n "*dra-pharchus o'r duwiau*" (William Edwards).

Dyma'r unig dro y gwelir yr ansoddair DEISIDAIMON (yn y modd cymharol) yn y Testament Newydd, er bod yr enw DEISIDAIMONIA i'w weld yn Actau 25:19, lle mae Ffestus yn sôn wrth Agripa am y grefydd Iddewig. Fel gyda'r enghraifft cynharach, y mae'r hen gyfieithiad Cymraeg yn glynu wrth y trosiad "*coel grefydd*" gyda'r cyfieithiadau diweddar yn dal i ffafrio "*crefydd*", er bod William Edwards hefyd yn awgrymu "*Credo Crefyddol*" fel trosiad posibl, gan ddangos fod Josephus yn defnyddio'r gair yn aml yn yr ystyr hwn. "Yr oedd," meddai Willam Edwards, "yn air y gallesid ei ddefnyddio heb roddi tramgwydd."

Tebyg yw dadl William Edwards wrth gyfiawnhau ei ddefnydd o'r ymadrodd "*tra pharchus o'r duwiau*" wrth gyfieithu Actau 17:22. Meddai,

Ni ddechreua Paul ei araeth mewn ffordd mor ddirmygus a galw yr Atheniaid yn ei frawddeg gyntaf yn *goel-grefyddol*. Ei amcan yw eu harwain yn raddol i wybodaeth o'r Gwir Dduw. Yr oedd y teimlad o addoli yn iawn, ond y gwrthrych iawn ar goll.

Cyfuniad yw'r gair DEISIDAIMON o ddau air Groeg: DEISI-, yn dod o DEIDO (ofnaf) a DAIMON, yr enw a ddefnyddiwyd am dduwiau llai pwysig y Groegiaid - *"an inferior pagan deity"*. Gallai'r duwiau hyn fod yn dduwiau da neu ddrwg. *"Ofni'r mân dduwiau"*, felly, yw ystyr llythrennol DEISIDAIMON a chytuna'r ysgolheigion mai gair niwtral ydyw, heb fod arno arlliw o ganmoliaeth na beirniadaeth, er i W.M.Ramsay awgrymu y dylid cyfieithu'r ansoddair mewn ffordd sy'n cyfleu canmoliaeth: *"more respectful than others of what is divine."* Cyfaddefa Thomas Charles

> nad oedd y gair yn swnio mewn ystyr gwaradwyddus, tramgwyddus, yng nglustiau'r Atheniaid, fel yr ymddengys yn ein cyfieithiad ni; oblegid fod y gair yn cael ei arfer weithiau gan hen ysgrifenwyr mewn ystyr cymeradwy, megys pe dywedasai Paul eu bod hwy yn dra chrefyddol, yn dyfal addoli ac yn ofni y duwiau.

Wedi dweud hyn, mae'n hawdd deall pam y trosodd yr hen gyfieithiad y geiriau yn Actau 17:22 a 25:17 gan yr ymadroddion *"tra choel grefyddol"* a *"choel grefydd"*. Y pum tro y gwelir DAIMON wrtho'i hun yn y Testament Newydd, ystyr ddrwg sydd i'r gair, gan mai am y mân dduwiau "aflan" y sonnir (Mat. 8:31; Marc 5:12; Luc 8:29; Datguddiad 16:14; 18:2).

Mae gair arall o'r un teulu yn ymddangos ar dudalennau'r Testament Newydd Groeg. Ymddengys ffurf ganolryw (*neuter*) yr ansoddair a fathwyd o DAIMON, sef DAIMONION, drigain gwaith yno. Ar wefusau neu yn ysgrifeniadau Cristnogion, y mae'r gair yn cyfleu y drygioni sy'n gysylltiedig â'r mân dduwiau - neu, os mynnir, mae'n sôn am *"ysbryd(oedd) aflan"*. Diddorol, fodd bynnag, yw sylwi fod y gair yn cael ei ddefnyddio unwaith gan y Stoiciaid a'r Epicwriaid am wrthrych pregeth Paul ar y sgwâr yn Athen, sef *"duwiau* (DAIMONION) *dieithr"* (Actau 17:18). Yno, mae'r cyfieithwyr yn iawn yn deall y gair yn ei ystyr glasurol, sy'n awgrymu fod gwrandawyr Paul yn ystyried fod yr Iesu i'w osod ymhlith dosbarth y mân dduwiau.

Gwelir, felly, mai cul iawn yw'r ffin ieithyddol rhwng coel grefydd a chrefydd go iawn, a bod yn rhaid ystyried y cysylltiadau'n ofalus i wybod ystyr gair. Mae'r drafodaeth hon yn ein hatgoffa o'r her sydd yng ngosodiad Tegla yn ei gyfrol *Gyda'r Hwyr* (1957). Meddai, "Cul yw'r ffin rhwng ofergoel a ffydd."

Gall crefydd ddirywio'n ofergoel yn gyflym iawn. Mae "rhith o grefydd heb ei grym," chwedl David Morris, Tŵr Gwyn, yn ddim mwy nag ofergoel. Ac eto, os cul yw'r ffin rhwng y ddau, nid yw'n anodd adnabod y gwahaniaeth rhwng ffydd ac ofergoel. Caethiwo mewn ofn a wna ofergoel - meddylier am y defodau rhyfedd y mae'r ofergoelus yn eu harfer er mwyn osgoi anffawd a sicrhau lwc dda! - tra bod ffydd yn rhyddhau o ofn.

PATRWM I'R CRISTION RHESYMOL - EPIEIKÊS

"Bydded eich arafwch (EPIEIKÊS) yn hysbys i bob dyn" (*B.C.* Philipiaid 4.5)

Y mae gan bob iaith rhyw eiriau y mae'n anodd cyflwyno eu hunion ystyr mewn iaith arall - geiriau tebyg i "hiraeth" yn y Gymraeg - a mynnodd William Barclay fod y gair EPIEIKÊS yn un o'r geiriau hyn. Taera, ymhellach, nad oes un gair yn y Testament Newydd Groeg sy'n fwy anodd i'w gyfieithu na hwn, a phan aeth ati i gyflwyno'i gyfieithiad ei hun o'r Ysgrythur, arferodd ymadrodd i geisio cyfleu yr ystyr. "You must make it common knowledge that you *never insist on the letter of the law* (EPIEIKÊS)" yw ei ymgais ef ei hun i gyflwyno ystyr y gair a her yr adnod (*The New Testament - a New Translation by William Barclay*).

Ansoddair (sy'n ymddangos pedair gwaith arall yn y Testament Newydd) yw EPIEIKÊS, ond yn Philipiaid 4:5 y mae Paul yn ychwanegu'r fannod ac yn ei ddefnyddio fel enw. Mae'r ffaith fod yna enw, EPIEIKEIA, ar gael - a bod hwnnw, hefyd, i'w weld yn y Testament Newydd ac yn cael ei ddefnyddio gan Paul yn 2 Corinthiiaid 10:1 - yn awgrymu fod gan yr Apostol rhywbeth ychydig yn wahanol mewn golwg. Cyflwyno'r peth gwahanol hwnnw yw'r her i'r cyfieithwyr.

Tanlinellu'r anhawster i drosi'r gair EPIEIKÊS a wnaeth R.C.Trench, hefyd, yn ei lyfr *Synonyms of the New Testament*, a gyhoeddwyd ar ddiwedd y bedwaredd ganrif ar bymtheg. Meddai:

> It is instructive to note how little of one mind our various Translators from Wiclif downward have been as to the words which should best reproduce ... *EPIEIKÊS* for the English reader.

Ychwanegodd Ralph Earle y sylw bod y cyfieithwyr Saesneg wedi defnyddio mwy o eiriau i geisio cyfleu ystyr y gair hwn nag unrhyw air arall yn y Testament Newydd Groeg.

"*Moderation*" yw'r cymwyster a anogir ar Gristnogion Philipi yn ôl trosiad y Cyfieithiad Awdurdodedig Saesneg; ond "*patience*" ydoedd yn ôl Wycliffe, gyda Tyndale yn mentro "*softness*" a'r Rheims

Bible yn rhoi *"modesty"*. Parhaodd y cyfieithwyr (a'r esbonwyr) a ddaeth ar ôl y rhai cynnar i chwilio am air neu ymadrodd a oedd yn cyflwyno cyfoeth y gair: *"patient mind"* (Geneva Bible), *"yieldingness"* a *"sweetness of temper"* (John Wesley), *"forbearing spirit"* (Weymouth, F.F.Bruce, ac E.J.Goodspeed yn *The Bible - an American Translation*), *"charitableness"* (F.C.Synge), *"reputation for gentleness"* (J.B.Phillips), *"unselfish and gentle"* (*Living Letters*), *"magnanimity"* (*N.E.B.*), *"tolerance"* (*Jerusalem Bible*), *"a gentle attitude"* (*Good News Bible*), *"gentleness"* (*N.I.V.*), *"consideration of others"* (*Revised English Bible*).

Dau ymgais arall yn y Saesneg ag iddynt apêl arbennig yw awgrym Matthew Arnold fod y gair EPIEIKÊS yn golygu *"sweet reasonableness"*, tra bod C.Kingsley Williams yn cynnig fel cyfieithiad: *"Let all the world know that you will meet a man half-way"*.

Wrth droi i'r cyfieithiadau Cymraeg, gwelir yr un ymbalfalu am air sy'n crynhoi'r rhinwedd a gymeradwyir gan yr Apostol Paul. "Bydded eich *hynawsedd* yn hysbys i bob dyn" yw trosiad y *Beibl Cymraeg Newydd*, fel eiddo *Cyfieithiad Prifysgol Cymru*. Yn ei aralleiriad yntau o'r adnod, y mae J.Williams Hughes yn rhoi: "Boed *lledneisrwydd* yn nodweddiadol o'ch bywyd, ac yn amlwg i bawb", tra bod William Edwards yn cynnig, "Bydded eich *goddefgarwch* yn hysbys i bob dyn", gan ychwanegu ar waelod y ddalen:

EPIEIKÊS, ymaros, amynedd, tegwch, addfwynder, yr hwn sydd wrthgyferbyniol i gynnen ac ysbryd hunangar.

Y mae pob ymgais i gyfieithu a nodwyd uchod yn cynnwys rhywfaint o'r hyn sydd yn y gair Groeg, a dichon mai'r ffordd orau i weld cyfoeth y gair, a deall yr ymddygiad aruchel yr oedd Paul yn ei ddisgwyl oddi wrth aelodau'r eglwys yn Philipi, yw trwy danlinellu rhai o'r cyfieithiadau.

Fel yr awgryma trosiad William Barclay, y mae i'r gair EPIEIKÊS ei gysylltiadau cyfreithiol. Sylwodd O.J.Evans, yn yr esboniad a gyhoeddodd ar *Philipiaid a 1 Pedr* (1963):

Defnyddiai'r Groegwyr y gair am y cyfiawnder na fynnai lynu yn hollol wrth lythyren y gyfraith pan fyddai hynny yn debyg o wneud cam, eithr a fynnai lacio'r gyfraith i gyfeiriad trugaredd.

Un deffiniad o'r gair a rydd Geiriadur Liddell & Scott yw, *"not insisting on strict justice*". Nid yw cyfiawnder bob amser yn mynnu'r cyfan y gallai ei hawlio pe dilynid llythyren y gyfraith. Felly, yn sgîl ei gyfeiriad at y croes-dynnu a oedd wedi digwydd yn Philipi (4:1ff.), y mae Paul yn annog y Cristnogion yno i gofio nad yw cyfiawnder yn anhyblyg ac mae am iddynt sicrhau nad ydynt hwy yn anhyblyg yn enw cyfiawnder. Nid gwendid yw ceisio cwrdd ag eraill ar hanner ffordd, os yw hynny er lles y Deyrnas ac heb fradychu unrhyw egwyddor bwysig.

Y mae Matthew Arnold, hefyd, yn cydio wrth rywbeth pwysig yn ei drosiad ef, *"sweet reasonableness"*. Yn ôl W.E.Vine, y mae'r elfen EPI- yn EPIEIKÊS yn cryfhau yr ail elfen yn y gair, a ddaw o'r un gwreiddyn ag EIKOS, *teg*, *rhesymol*. Pobl y disgwylir iddynt fod yn dra theg ac yn dra rhesymol yw'r Cristnogion. Nid oes sail o fewn i'r gair ei hun i'r *"sweet"* a ddefnyddiodd Arnold i ddisgrifio'r rhesymoldeb y geilw Paul amdano (na chwaith y *"sweetness of temper"* y cyfeiriodd John Wesley ato wrth chwilio am drosiad) ond y mae, yn sicr, yn rhan o ysbryd y gair. Dim ond y sawl sydd a'i ysbryd yn felys a all fod mor ofnadwy o resymol a theg ag y mae'r Apostol yn ei hawlio!

Y mae'r gair "melys" hefyd yn cyfrannu at yr ymdeimlad fod yr ymddygiad a anogir yn un sy'n ddeniadol i eraill. Yn ei dro, y mae hyn yn ein hatgoffa fod awduron y Testament Newydd yn aml yn arfer y gair KALLOS, sydd hefyd yn golygu deniadol, wrth sôn am ddaioni'r Arglwydd.

Nid digon i Gristion fod yn dda ac yn gyfiawn; disgwylir i'w ddaioni a'i gyfiawnder - yn wir, disgwylir i bob rhinwedd a berthyn iddo - i fod yn ddeniadol, hefyd.

PENSAER - ARCHITEKTÔN

"Yn ôl y gras Duw a roddwyd i mi, megis pensaer celfydd, myfi a osodais y sylfaen, ac y mae arall yn goruwch-adeiladu." Felly y cyfieithia'r Beibl Cymraeg eiriau'r Apostol Paul yn ei epistol cyntaf at y Corinthiaid (3:10).

Cyfeirio a wna Paul at ei waith yn gosod sylfeini'r eglwys yng Nghorinth yn ystod y deunaw mis a dreuliodd yno o gwmpas 51 O.C., ar ddiwedd ei ail daith genhadol. Mae'n werth sylwi mai dyma'r amser hiraf y treuliodd Paul yn unman yn plannu eglwys. Fel arfer, ychydig o wythnosau yn unig a gawsai i blannu eglwys, a'r rhyfeddod yw i gymaint ohonynt lwyddo. Wedi i sylfaenydd yr achos newydd yng Nghorinth symud ymlaen i Effesus, parhawyd gyda'r gwaith o adeiladu'r eglwys a chafodd y gweithwyr a adawodd Paul ar ôl yno gymorth Apolos i barhau gyda'r adeiladu. Ond eglwys gynhennus oedd Corinth ac nid arhosodd Apolos yno'n hir cyn ymadael. Gwyddai'r Apostol yr hanes ac wrth iddo ysgrifennu at yr eglwys, felly, y mae Paul yn gofidio am ansawdd y gwaith sy'n dal i gymryd lle yno. A yw'r gwaith a'r defnyddiau o'r ansawdd gorau posibl? Ac a yw'r sylfaen a osododd ef - Iesu Grist ei hun yw hwnnw, yr unig sylfaen ar gyfer pob eglwys (adn.11) - yn cael aros, neu a oes rhywrai yn ceisio symud y sylfaen gwreiddiol a gosod un arall?

ARCHITEKTÔN yw'r gair a ddefnyddia Paul i ddisgrifio'i hun yn 1 Corinthiaid 3:10. Dyma'r unig dro yr ymddengys yn y Testament Newydd; ond, er gwaethaf y ffaith mai ohono y daw y gair Saesneg *architect*, prin fod "pensaer" (yr hen gyfieithiad Cymraeg a ddilynir gan *Yr Oraclau Bywiol* a Chyfieithiad Prifysgol Cymru), yn cyfleu union ystyr y gair.

Trosiad cywirach William Edwards o'r adnod yw:

Yn ol gras Duw yr hwn a roddwyd i mi, fel *pen-adeiladydd* medrus myfi a osodais sylfaen; ac y mae arall yn adeiladu arno...

gyda'r *Beibl Cymraeg Newydd* yn darllen:

Yn ôl y gorchwyl a roddodd Duw i mi o'i ras, mi osodais sylfaen, fel prif-adeiladydd celfydd, ac y mae rhywun arall yn adeiladu arni.

Nid "pensaer", felly, ond "pen-adeiladydd" neu "brif-adeiladydd" oedd yr Apostol, oherwydd yr Arglwydd yw pensaer yr Eglwys ac adeiladu yn unol â'i gynllun ef a wnâi Paul.

Y mae dwy elfen yn y gair ARCHITEKTÔN, sef ARCHI- a TEKTÔN. Y mae'r elfen gyntaf, ARCHI-, wedi croesi i'r Gymraeg mewn geiriau fel *archangel, archesgob* ac hyd yn oed *archfarchnad*. Ymddengys y gair TEKTÔN ddwywaith yn y Testament Groeg. Dyna a elwir Joseff a'r Iesu gan drigolion Nasareth:

Onid mab y saer (TEKTÔN) yw hwn? (Mathew 13:55).

Onid hwn yw'r saer (TEKTÔN), mab Mair a brawd Iago a Joses a Jwdas a Simon? (Marc 6:3).

Ar sail y cyfeiriadau hyn, yr ydym wedi credu i'r Iesu dreulio'r rhan fwyaf o'i oes yn gweithio yn siop y saer yn Nasareth. Ond yr oedd y TEKTÔN yn fwy na *saer coed* - gallai olygu *saer maen*, hefyd. *Crefftwr gwlad* oedd y TEKTÔN, mewn gwirionedd; gŵr yn gallu troi ei law at bob math o waith adeiladu.

Dyna, yn wir, oedd "penseiri" ein capeli cyntaf:- crefftwyr gwlad, neu "*jobbing builders*", chwedl y Sais. Nid oeddent wedi cael coleg yn y gelfyddyd o gynllunio adeiladau, ond roedd ganddynt brofiad o adeiladu, ac yn y bedwaredd ganrif ar bymtheg roedd ganddynt hefyd gatalogiau wrth law yn llawn o addurniadau a dodrefn i'w gosod yn y tai cwrdd a adeiladent. Dyma sy'n gyfrifol fod cymaint o'r pileri a'r celfwaith haearn a welir yn ein capeli yn union yr un fath – ar wahân i'r paent a ddefnyddiwyd.

Yn ei lyfr *Jesus* (1992), y mae A.N.Wilson yn dadlau mai'r iaith Aramaeg y byddai trigolion Nasareth yn siarad ac mai *naggar* oedd y gair y byddent hwy wedi arfer yn yr adnodau a ddyfynnir uchod wrth sôn am Joseff a'r Iesu. Mae'n cydnabod fod *naggar* yn golygu "*crefftwr*" ond awgryma hefyd ei fod yn golygu *dyn dysgedig, sgolor, ysgolhaig*. Ar sail hyn dadleua nad ar aelwyd saer neu grefftwr gwlad y codwyd yr Iesu, ond ar aelwyd rhywun a ystyrid gan yr ardal yn ŵr dysgedig a doeth. Prin fod y sarhad a fwriadwyd yng ngeiriau trigolion Nasareth yn cyfiawnhau'r fath drosiad o TEKNÔN. Ac onid yw'r holl gyfeiriadau yng ngeiriau'r Iesu at adeiladu a thrawstiau ac offer, megis iau, yn awgrymu un a oedd yn gyfarwydd â chrefftau'r wlad?

Fodd bynnag, nid trosiad o'r Aramaeg a geir yn y llythyr at y Corinthiaid, ond geiriau gwreiddiol yr Apostol Paul ei hun, lle defnyddia'r ddelwedd o adeiladu er mwyn disgrifio'i waith ei hun yn casglu eglwys ynghyd ac adeiladu'r saint yn gymdeithas newydd o gredinwyr. Nid ef yw pensaer neu gynllunydd yr Eglwys Gristnogol; gweithiwr ynddi fel pawb arall ydyw ef, er iddo fel prif-adeiladydd gael y fraint o ddechrau'r gwaith a gosod y sylfaen i lawr yng Nghorinth. Ond nid yw'r gwaith yn gorffen wedi gosod y sylfaen - y mae eto llawer i'w wneud, mwy, yn wir, nag y gall un dyn ei gyflawni. Rhaid wrth weithwyr eraill; ac yn y pen draw y mae ansawdd y cyfanwaith gorffenedig yn dibynnu ar ymdrechion a chyfraniad y gwanaf o'r gweithwyr.

Bu rhyw Baul yn gyfrifol am osod sylfeini'r holl eglwysi yn ein gwlad a daeth rhyw Apolos a'i gynorthwywyr ar ei ôl i wneud eu cyfraniad hwy i'r gwaith. Bellach y mae'r cyfrifoldeb am yr adeiladu wedi ei drosglwyddo i ni.

Gwylied pob un pa fodd y mae'n adeiladu... Os bydd i neb adeiladu ar y sylfaen ag aur, arian a meini gwerthfawr, neu â choed gwair a gwellt, daw gwaith pob un i'r amlwg, oherwydd y Dydd a'i dengys (1 Corinthiaid 3:10,12).

PLAID – HAIRESIS A HAIRETIKOS

O'r geiriau hyn yn Testament Newydd y cafodd yr Eglwys y geiriau "*heresi*" a "*heretic*" ond mae'n amheus a yw'r geiriau yn cyfleu yr un peth i ni heddiw ag a olygasant i awduron yr Ysgrythurau.

Prif ystyr HAIRESIS yn y papurfrwyn yw *dewis* neu *dewisiad*, ond mewn Hen Roeg golygai *ddewis gwirfoddol* gan ddatblygu i gynnwys *yr hyn a ddewisir yn wirfoddol*, sef *safbwynt, tybiaeth, cred*. Pwysleisia W. E. Vine yn ei *Expository Dictionary of New Testament Words* fod elfen gref o hunanoldeb ystyfnig ("*self-willed opinion*") yn perthyn i'r broses hon o gofleidio safbwynt. Gan fod nifer fawr o bobl yn aml yn coleddu'r un safbwynt, datblygodd y gair i olygu *plaid* neu *ysgol* (o athronwyr) neu *sect*. Yn ddiweddarach wedyn "rhoddwyd iddo yr ystyr o 'gyfeiliornad', ond cymerai i mewn ymddygiad yn ogystal â barn neu opiniwn, yn enwedig yr hyn oedd yn anghyson â'r, neu yn wrthwynebol i'r ffydd Gristnogol" (William Edwards).

Ond pa un o'r ystyron hyn a geir yn y Testament Newydd? Nid oedd amheuaeth ym meddwl John Williams, cyfieithydd *Yr Oraclau Bywiol* (1842):

> *Yn ôl yr arferiad ysgrythyrol y mae yn gyffredin yn arwyddocâu arblaid neu ymraniad yn hytrach na'r tybiau a gofleidir gan y "sect".*

Hynny yw, y rhannu yw'r heresi ac nid y gred sy'n gyfrifol am y rhannu. "*Arblaid*" neu "*arbleidiau*", felly, yw cyfieithiad John Williams o'r gair HAERESIS y naw gwaith yr ymddengys yn y Testament Newydd, tra bod William Edwards a'r *Beibl Cymraeg Newydd* yn ffafrio *plaid, sect* neu *ymbleidio* wyth gwaith a *heresïau* ond unwaith, yn 2 Pedr 2:1. Am yr hen gyfieithiad, ffafria *sect* bedair gwaith (Actau 15:5; 24:5; 26:5; 28:22) a *heresi* neu *heresïau* bum gwaith (Actau 5:17; 24:14; 1 Corinthiaid 11:19; Galatiaid 5:20; 2 Pedr 2:1).

Wrth droi at yr ymadrodd HAIRETIKON ANTHRÔPON, sy'n ymddangos unwaith yn Titus 3:10, y mae John Williams yn ei drosi, "Gwrthod *ddyn ymbleidgar*"; a'r *Beibl Cymraeg Newydd*, "… *y dyn a fyn greu rhaniadau*" tra bod Beibl Parry a William Edwards yn ffafrio "*heretic*". Er hynny, noda William Edwards mai *ymbleidiwr* a olygid ac mai llygredigaeth foesol, yn hytrach na daliadau crefyddol cyfeiliornus, oedd achos yr ymbleidio.

Nid oes amheuaeth mai *plaid* neu *sect* yw'r unig gyfieithiad dilys o HAERESIS weithiau (e.e., tystiolaeth Paul iddo fyw "yn ôl sect fwyaf caeth ein crefydd ..., yn Pharisead", Actau 26:5, *B.C.N.*); ac er i'r cysylltiadau ganiatáu *heresi* fel trosiad mewn mannau eraill, dichon y dylid dilyn esiampl John Williams a chadw'r syniad o *ymbleidio* bob tro y cwrddir â'r gair. Wedi'r cwbl, a yw rhaniadau a phleidiau yn llai dinistriol i'r Eglwys na heresïau?

Nid dweud a wnawn fod gwyriadau athrawiaethol yn ddibwys, na bod awduron y Testament Newydd yn ddibris ohonynt, eithr sylwi fod consýrn yn yr Eglwys Fore fod eglwysi lleol yn ymgecru ac yn ymrannu'n bleidiau.

"POB PETH" YNTEU "DUW?

Nid yw'r gwahaniaeth rhwng y *Beibl Cymraeg Newydd* a'r hen gyfieithiad yn ein taro bob amser, er bod y cyfieithiadau yn amrywio'n fawr â'r cyfieithiad newydd weithiau (!) yn rhagori. Dichon fod Rhufeiniaid 8:28 yn un enghraifft lle mae'r newid yn darawiadol ac yn gofyn am eglurhad:

> Ac ni a wyddom fod pob peth yn cyd-weithio er daioni i'r rhai sydd yn caru Duw; sef i'r rhai sydd wedi eu galw yn ôl ei arfaeth ef (BC).

> Gwyddom fod Duw, ym mhob peth, yn gweithio er daioni gyda'r rhai sy'n ei garu, y rhai sydd wedi ei garu yn ôl ei fwriad (*B.C.N.*).

Yn yr hen gyfieithiad rhoddir yr argraff fod "pob dim yn y bydysawd yn cydweithio er daioni yn yr ystyr y bydd popeth yn iawn yn y diwedd" gan awgrymu fod rhyw "broses datblygiadol amhersonol" ar waith. Ar y llaw arall, y mae Duw'n "oddrych y ferf yn y frawddeg, fel yr ymddengys yng nghyfieithiad y BCN, ac y mae hyn yn arwydd digamsyniol o'r ffaith fod yr arweiniad ('initiative') yn llwyr yn ei law [ef]" (Dafydd G.Davies, *Dod a Bod yn Gristion*).

Ymdebygu i'r hen gyfieithiad a wna trosiad *Yr Oraclau Bywiol* a chyfieithiad William Edwards o'r adnod, er fod William Edwards yn ychwanegu nodyn ar waelod y ddalen, sy'n awgrymu paham y gwahaniaetha'r trosiadau. Rhydd fel cyfieithiad posibl: "mai Duw sydd yn cyd-weithio pob peth" gan ychwanegu'r llythrennau "A B La. WH."

Y llythrennau "WH," sef cyfeiriad at destun Groeg Westcott a Hort o'r Testament Newydd, yw'r allwedd i ddeall y rheswm am y gwahaniaeth rhwng y cyfieithiadau.

Pan oedd William Morgan (1588) a chyfieithwyr y fersiwn awdurdodedig Saesneg (1611) wrthi'n cyfieithu, mae'n debyg mai'r testun Groeg wrth eu penelin oedd y testun a gyhoeddodd Robert Stephens ar ganol yr unfed ganrif ar bymtheg. Testun oedd hwnnw wedi ei baratoi drwy ddilyn gwaith Erasmus a'r Cardinal Ximenes gan ymgynghori â dyrnaid o llawysgrifau eraill a oedd yn ei feddiant. Er fod gweithiau Ximenes, Erasmus a Stephens yn gampweithiau yn eu dydd, eu gwendid oedd iddynt gael eu seilio ar nifer fach o lawysgrifau Groeg o'r Testament Newydd, a hwythau'n rhai cymharol ddiweddar. Nid oedd y llawysgrifau pwysig cynnar eto wedi eu darganfod. Ni ddaeth yr hen lawysgrif o'r bumed ganrif a ddarganfuwyd yn Alecsandria i'r golwg tan 1628. Ar y llaw arall, ni ddaeth hen lawysgrif o'r bedwaredd ganrif oedd yng nghadw gan y Fatican i olwg ysgolheigion tan y ddeunawfed ganrif.

Erbyn heddi, y mae'r testun Groeg a ddefnyddia cyfieithwyr y Testament Newydd yn tynnu ar dros bum mil o lawysgrifau - yr hynaf yn mynd yn ôl yn gynnar iawn i'r ail ganrif - ond yr oedd cyfieithwyr cyn 1881 yn gorfod dibynnu ar destun a baratowyd gan ddynion heb fod ganddynt y fantais o wybod am y llawysgrifau hynaf. Erbyn 1881 yr oedd dau athro yng Nghaergrawnt, B.F.Westcott a F.J.A.Hort, wedi paratoi testun ar gyfer y cyfieithiad diwygiedig Saesneg a gyhoeddwyd yn y flwyddyn honno. Hwn oedd y testun cyntaf i gael ei baratoi gan ddefnyddio dulliau gwyddonol, ysgolheigaidd wrth gymharu'r llu o lawysgrifau oedd wrth law. Wrth argraffu'r adnod o dan sylw, mabwysiadodd testun Groeg Westcott a Hort y darlleniad a welsant yn llawysgrifau Alecsandria (a adwaenir wrth y llythyren"A") a'r Fatican (a adwaeir wrth y llythyren "B"). Dyma'r darlleniad a ddilynodd y *B.C.N.*, er i gyfieithwyr y fersiwn ddiwygiedig Saesneg ddewis glynu wrth yr hen ddarlleniad yn y fan hon. Yn ei gyfieithiad yntau, y mae William Edwards hefyd yn dilyn y darlleniad traddodiadol gan roi ar waelod y ddalen gyfieithad o'r hyn a geir yn nhestunau Westcott a Hort (WH), Codex Alexandrinus (A), Codex Vaticanus (B). Ychwanega fod yr hen drosiadau Lladin (La) hefyd yn rhoi "Duw" fel goddrych y ferf.

Parhaodd y gwaith o geisio dod o hyd i destun gwreiddiol y Testament Newydd ac yn nhri-degau'r ganrif hon darganfuwyd Papurfrwyn Chester Beatty. Cynnwys rhain 126 o ddalennau *papyrus* yn dyddio o tua 200 O.C. a'u pwysigrwydd yw eu bod yn cynnwys darnau o bron bob llyfr yn y Testament Newydd, gan gynnwys y rhan fwyaf o'r Epistol at y Rhufeiniaid yn dechrau yn 5:7. Yr un darlleniad ag eiddo Westcott a Hort a geir yn Rhufeiniaid 8:28.

Erbyn hyn, felly, y mae'r mwyafrif o gyfieithiadau newydd yn dilyn darlleniad Westcott a Hort wrth drosi'r adnod ac yn pwysleisio mai Duw yw'r un sy'n troi pethau er daioni i'r sawl sydd yn ei garu. Aralleiriad W.B.Griffiths o'r adnod yw:

Gwyddom hefyd fod Duw'n gweithio pob peth er daioni'r sawl sydd yn ei garu, sef y rhai a alwyd yn ôl ei bwrpas ef.

Ychwanega'r sylw: "Nid yw'r Cristion yn deall bywyd drwyddo draw, ac nid yw'n gweld pob peth yn cydweithio er ei ddaioni. Dyna a awgrymir gan y darlleniad arferol o adnod 28. Dywed y darlleniad arall fod y Cristion yn adnabod Duw, neu'n hytrach ei fod yn adnabyddus gan Dduw (Gal.4:9), a'i fod o'r adnabyddiaeth honno, yn credu'n siwr fod Duw'n gweithio pob peth er ei ddaioni. Y mae ffydd o'r fath yn wybodaeth."

Nid Paul oedd y cyntaf i sylweddoli "fod Duw, ym mhob peth, yn gweithio er daioni gyda'r rhai sy'n ei garu." Gwyddai Joseff hyn yn dda pan ddywedodd wrth ei frodyr:

Yr oeddech chwi yn bwriadu drwg yn f'erbyn; ond trodd Duw y bwriad yn ddaioni, er mwyn gwneud yr hyn a welir heddiw, cadw'n fyw llawer o bobl (Genesis 50:20).

PRESBYTERIAD - PRESBUTEROS

Mae'n weddol amlwg mai'r gair Groeg PRESBUTEROS a roes inni'r gair Cymraeg "presbyteriad"; ond nid mor amlwg yw'r ffaith mai'r un gair a roes i'r Saesneg y gair *"priest"* hefyd.

Gwelir PRESBUTEROS [lluosog: PRESBUTEROI] 67 gwaith yn y Testament Newydd. Modd cymharol yr ansoddair PRESBUS ["hen"] yw PRESBUTEROS ac er bod y rhan fwyaf o arbenigwyr yn dadlau fod y gair yn cael ei arfer gan amlaf yn y Testament Newydd fel enw am swydd o fewn i'r grefydd Iddewig neu'r Eglwys Fore, y mae digon o enghreifftiau ohono yn cael ei ddefnyddio fel ansoddair. HO HUIOS ... HO PRESBUTEROS yw'r ymadrodd am *"y mab hynaf"* yn nameg y Mab Afradlon (Luc 15:25). Yr un ansoddair a welir yn stori'r wraig a ddaliwyd mewn godineb pan ddywedir fod *y bobl hynaf* wedi gollwng y cerrig o'u dwylo wedi i'r Iesu ddweud mai'r un oedd yn ddieuog yn eu plith a ddylai taflu'r garreg gyntaf (Ioan 8:9). At draddodiad hynafol *hynafgwyr* (PRESBUTEROI) Israel y cyfeiriodd yr Iesu wrth siarad â'r bobl (Mathew 15:2; Marc 7:3,5); a HOI PRESBUTEROI yw'r *hynafgwyr* y proffwydodd Joel y gwelent weledigaethau (Actau 2:17).

Nid oes dadlau mai fel ansoddair y defnyddir y gair PRESBUTEROS yn yr enghreiffiau hyn, ynghyd ag eraill yn y Testament Newydd, a cheisiodd Joachim Jeremias ddadlau mai fel ansoddair y dylid deall y gair pan welir ef yn yr Epistolau Bugeiliol ac yn hanes yr Eglwys Fore yn Llyfr yr Actau. Y mae'r rhan fwyaf o'r cyfieithiadau yn derbyn nad swyddog yw'r PRESBUTEROS a enwir yn 1 Timotheus 5:1 ond *hynafgwr*, eithr methodd Jeremias ag ennill gefnogaeth llawer i'w farn nad yw'r Testament Newydd yn arfer PRESBUTEROS fel enw am swyddog eglwysig. Er hynny, y mae ei awgrym yn rybudd fod angen gofal wrth geisio penderfynu pa bryd y mae'r gair i'w ddeall fel enw swydd, a pha bryd y mae'n cyfeirio at henaint. Fodd bynnag, ni ellir gwadu fod y gair yn cael ei arfer yn lled gyffredinol yn yr Hen Fyd fel enw am swyddog. Medd *Geiriadur Charles* amdano:

> Prif ystyr y gair yw, henafgwr, y penllwyd, yr oedranus... Ond gan fod y cyfryw yn cael ei dewis yn gyffredinol i farnu a

llywodraethu, arwydda yn yr ysgrythyrau, îs-swyddog yn y wladwriaeth, neu yn yr eglwys.

Roedd parch yr Hen Fyd i henaint yn golygu mai i gyfeiriad hynafgwyr yr oedd cymdeithas yn gyffredinol (gan gynnwys y gymdeithas secwlar) yn troi am arweinwyr, ac nid yw'n syndod mai PRESBUTEROI oedd yr enw a arferid am arweinwyr cenedl Israel. Dyma, er enghraifft, y gair a arferir yn y Septwagint am y deg a thrigain a gynorthwyodd Moses (Numeri 11:16). Yr enw hwn hefyd oedd yr enw a roddid ar arweinwyr y synagogau. Eu gwaith hwy oedd gweithredu fel rheolwyr a gweinyddwyr y synagog lleol. Pan gofiwn mai SUNAGÔGÊ yw'r gair a arferodd Iago 2:2 am *cynulleidfa* (B.C.) neu *cwrdd* (*B.C.N.*), ac mai synagogau Iddewig oedd man cychwyn cenadaethau Paul, y mae rhai esbonwyr yn barod i gredu mai o'r synagog y benthycodd yr Eglwys Fore yr enw am ei harweinwyr hithau.

Nid yw'r Testament Newydd yn nodi pam, na pha bryd, y dechreuodd yr Eglwys arddel yr enw PRESBUTEROI am ei harweinwyr. Digwydd am y tro cyntaf fel enw am arweinwyr yr Eglwys yn Jerwsalem yn Actau 11:30, gyda Luc fel pe bai'n cymryd yn ganiatâol nad oedd eisiau iddo egluro'r gair:-

> Penderfynodd y disgyblion, bob un ohonynt, gyfrannu, yn ôl fel y gallai fforddio, at gynhaliaeth y brodyr oedd yn trigo yn Jwdea. Gwnaethant hynny, ac anfon eu cyfraniad at *yr henuriaid* trwy law Barnabas a Saul (*B.C.N.*).

Awgrymodd Austin Farrar y dylid uniaethu'r *henuriaid* â'r Saith y darllenwn am eu hethol yn Actau 6:1-6. Mae'n tynnu sylw at y ffaith nad yw Luc yn galw'r Saith wrth yr enw *diaconiaid* ac nad oes sail, felly, i'w huniaethu â'r swydd honno. Ar y llaw arall, gwyddom i'r Saith gael eu hethol i gwrdd â'r gŵyn fod rhai gweddwon "yn cael eu hesgeuluso yn y ddarpariaeth feunyddiol" (6:1) ac mai gwaith y Saith oedd "gweini wrth fyrddau" (6:2). Hwy, felly, fyddai'n derbyn unrhyw gasgliad a drefnai eglwysi eraill i gynorthwyo Cristnogion Jerwsalem - a gwyddom mai at *henuriaid* Jerwsalem y danfonodd yr eglwys yn Antiochia y casgliad a wnaethpwyd yno yn amser Clawdiws (Actau 11:27-30).

O'r epistolau sydd ar gael o dan enw Paul, dim ond yn yr Epistolau Bugeiliol y defnyddir yr enw "henuria(i)d". Diddorol nodi fod arweinwyr yr eglwys yn Effesus, a elwir yn *"henuriaid"*

(PRESBUTEROI) gan Luc yn Actau 20:17, yn cael eu cyfarch gan yr Apostol fel "*esgobion*" neu "*arolygwyr*" (EPISKOPOI) yn Actau 20:28. Mae'n amlwg mai'r un oedd swydd yr EPISKOPOI â swydd yr PRESBUTEROI, gyda'r gair cyntaf yn dangos natur eu cyfrifoldeb, a'r olaf yn tanlinellu aeddfedrwydd eu profiad ysbrydol (W.E.Vine). Cytuna Jerôm fod Luc yn dangos yn eglur mai'r un oedd y presbyteriaid a'r esgobion, tra bod yr Esgob Lightfoot yn honni: "*The one is a term of dignity, the other of age.*"

Er gwaetha'r hyn a ddywed Lightfoot, ni oes sail i gredu fod y PRESBUTEROI a berthynai i'r Eglwys Fore yn hen o ran oedran, ond yr oeddent yn brofiadol ac yn aeddfed yn y Ffydd. Rhestrir cymwysterau'r esgob a'r henuriad yn Titus 1:6-9 a I Timotheus 3:1-7 lle dywedir yn glir na ddylai'r sawl sy'n ceisio'r "arolygiaeth" (*C.P.C.*) fod "yn newydd i'r ffydd" (*B.C.N.*).

Wrth geisio olrhain hanes y Weinidogaeth yn y Testament Newydd, hawdd gweld sut y mae'r sawl sy'n pleidio cynulleidfaoliaeth, presbyteriaeth ac esgobyddiaeth yn gallu canfod olion o'r eglwysyddiaeth a ffefrir ganddynt hwy ar dudalennau'r Ysgrythur. Neu fel y dywedodd Alan Richardson:

> *Even if all the denominations of the World Council of Churches agreed tomorrow to set up a common ministry on the New Testament pattern, their scholars would not be able to tell them what that pattern was!*

RHODD ARBENNIG IAWN – CHARISMA

Daeth "carisma" a "carismatig" yn eiriau cyffredin a chyfarwydd yn ein dyddiau ni – y naill i ddisgrifio atyniad personoliaeth ambell arweinydd, a'r llall wrth gyfeirio at fudiad arbennig o fewn i'r Eglwys Gristnogol.

Gair yr Apostol Paul yw CHARISMA – nid am iddo ei fathu, ond oherwydd yr ystyr arbennig a roes iddo. O'r saith gair Groeg am "rodd" neu "ddawn" a ddefnyddir yn y Testament Newydd, CHARISMA yw hoff air Paul ac fe'i gwelir 16 o weithiau yn yr epistolau a briodolir iddo, ac unwaith yn 1 Pedr.

Mae CHARISMA yn berthynas agos i'r gair CHARIS ("gras") ac, yn ôl J. Williams Hughes, ei ystyr yw "gras wedi ymgorffori mewn rhyw ddull neu'i gilydd, un ai mewn gallu meddwl neu ewyllys anghyffredin, dawn doethineb, neu'r ddawn i iachau neu mewn grasusau cymeriad" (*Geiriadur Beiblaidd* (1926)). Y mae CHARISMA, felly, yn golygu mwy na *rhodd* neu *ddawn*: y mae'n golygu rhodd neu ddawn na theilynga person, a honno'n rhodd sy'n deillio oddi wrth Dduw ei hun. Cofier nad dyna ystyr y gair yn yr enghreifftiau prin ohono a welir y tu allan i'r Testament Newydd a gweithiau'r Tadau Eglwysig. Yn y papurfrwyn, digwydd mewn cysylltiad ag eiddo a dderbyniwyd fel rhodd o'i gyferbynnu ag eiddo a brynwyd.

Yn y Testament Newydd Groeg y mae'r elfen ddwyfol, anhaeddiannol o CHARISMA yn oblygedig yn y gair ei hun, heb fod unrhyw ansoddair yn angenrheidiol i gyfleu hyn – er bod PNEUMATIKON (*"ysbrydol"*) yn cael ei gysylltu wrtho unwaith (Rhufeiniaid 1:11). Wrth drosi i'r Gymraeg y mae'r cyfieithwyr yn aml yn diogelu arbenigrwydd y gair drwy ychwanegu ansoddeiriau megis "rhad", "graslon", ac ati.

Gellir dosbarthu'r rhoddion dwyfol yn fras i bedwar dosbarth:-

(i.)   Rhodd Duw o ddoniau naturiol (a gwahanol) i bob dyn. Eithr i bop un ei briod *ddawn* [*roddiat*] gan Dduw … (1 Corinthiaid 7:7 – William Salesbury).

(ii.)   Rhodd Duw o faddeuant i bechaduriaid. Can ys cyfloc [tal, taliad, taledigaeth] pechot yw angeu; eithyr *dawn* Duw yw bywyt tragyuythawl trwy Crist Iesu ein Arglwydd

(Rhufeiniaid 6:23 – William Salesbury). Gw. hefyd Rhufeiniaid 5:15-16; 11:29.

(iii.)   Rhodd Duw o ddoniau arbennig i aelodau'r Eglwys.

Y mae'r doniau a rydd Duw yn amrywio o aelod i aelod, ond ceir rhestrau ohonynt yn Rhufeiniaid 12:6*ff*.; 1 Corinthiaid 12:9*ff*., 28 a 30. Ceir cyfeiriadau hefyd at y doniau hyn yn Rhufeiniaid 1:11; 1 Corinthiaid 1:7; 12:4, 31; 1 Timotheus 4:14; 2 Timotheus 1:6; 1 Pedr 4:10.

(iv.)   Rhodd Duw o waredigaeth mewn ymateb i weddi.

... a chwithau hefyd yn cydweithio o'n plaid drwy weddi ... am *y gymwynas rasol* a ddaeth i'n rhan (2 Corinthiaid 1:11 – *C.P.C.*).

Perthyn i'r gair, felly, arwyddocâd crefyddol ac ysbrydol sydd ar goll yn y defnydd cyffredin a wneir ohono heddiw. Diau mai rhodd gan Dduw yw personoliaeth atyniadol; eithr os nad yw'r gair CHARISMA yn ein hatgoffa am haelioni Duw ac yn peri inni deimlo'n ddyledus ac yn ddiolchgar iddo Ef, yna yr ydym yn dibrisio ei ystyr ysgrythurol.

RHYDDHAU - LUÔ

Un o'r berfau cyntaf y mae'r sawl sy'n ymgodymu â Groeg y Testament Newydd yn dysgu yw'r ferf LUÔ. Nid yw'n un o eiriau pwysig y Testament Newydd - nid ymddengys ond deunaw o weithiau i gyd yno - eithr y mae yn ferf hollol reolaidd ac felly yn batrwm ar gyfer adnabod rhediad berfau eraill.

Prif ystyr y gair yw *rhyddhau, gollwng, datod, llacio, llaesu*. Dyma'r gair sy'n ymddangos yn Effesiaid 2.14: "Canys efe yw ein tangnefedd ni, yr hwn a wnaeth y ddau yn un ac a *ddatododd* [LUSAS] ganolfur y gwahaniaeth rhyngom ni." Y mae John Williams, yn ei gyfieithiad, *Yr Oraclau Bywiol*, yn cadw'r gair "datod", ond y mae'r cyfieithwyr mwyaf diweddar yn cynnig trosiadau gwahanol:

> Canys ef yw ein Tangnefedd, yr hwn a wnaeth y ddau yn un, ac a *dorrodd i lawr* ganolfur y gwahaniaeth (William Edwards);
> Canys ef yw ein heddwch ni, a wnaeth y ddau beth yn un ac a *chwalodd* ganolfur y gwahaniad, sef yr elyniaeth... (*C.P.C.*);
> Oherwydd ef yw ein heddwch ni. Gwnaeth y ddau, yr Iddewon a'r cenhedloedd yn un, *wedi chwalu* trwy ei gnawd ei hun y canolfur o elyniaeth oedd yn eu gwahanu" (*B.C.N.*).

Tebyg yw aralleiriad y Prifathro J.Williams Hughes:

> Oblegid ynddo ef, ac Ef yn unig, y mae'r tangnefedd a all wneud y ddwy garfan yn un a pheri iddynt ill dwy ymgartrefu ynddo ef - ni'r Iddewon a chwithau'r cenhedloedd - a *thynnu i lawr* y clawdd terfyn a'n cadwai ar wahân.

Dichon fod y cyfieithiadau diweddaraf gyda'u *torri* neu *dynnu i lawr* a *chwalu* yn awgrymu pendantrwydd na pherthyn i'r gwreiddiol. Y mae'r byd o wahaniaeth rhwng rhyddhau mur a'i ddymchwel! Tybed, felly, a yw awdur yr Epistol at yr Effesiaid am ddweud fod yr Arglwydd wedi *rhyddhau* canolfur y gwahaniaeth rhwng pobl *a'i gwneud hi'n bosibl* i ddynion ddymchwel y mur os mynnant? Wedi'r cwbwl, pan ddywedodd Paul wrth y Galatiaid nad oedd yng Nghrist "nac Iddew na Groegwr... na chaeth na rhydd... na gwryw na benyw", nid oedd yn honni fod y gwahaniaethau hyn i gyd wedi eu dileu yn yr eglwys yn Galatia; honni a wnâi nad oedd y gwahaniaethau hyn (a oedd mor

103

bwysig yn nhŷb rhai) yn cyfrif dim yn yr eglwys yng Ngalatia. Heb ddileu'r gwahaniaethau, yr oedd yr Arglwydd wedi gwneud undeb rhwng pobl hollol wahanol yn bosibl.

Roedd yr Arglwydd wedi *rhyddhau* canolfur y gwahaniaeth, fel bod y sawl a fynnai wneud hynny yn medru dymchwel y wal!

1. Y mae Crist yn rhyddhau canolfur difrawder.

Y mae difaterwch a difrawder yn gallu bod fel mur rhwng pobl, ond yn ei gonsyrn dros bawb dangosodd yr Arglwydd sut mae rhyddhau y rhwystr hwnnw.

Nid oedd Paul a Iago, brawd yr Iesu, ar yr un donfedd ddiwinyddol a gellir dychmygu mai llugoer fyddai eu perthynas bersonol â'i gilydd. Ond ni chaniatâwyd i fur gael ei adeiladu rhyngddynt ac, yn ysbryd yr Arglwydd, mynnodd Paul fod yr eglwysi a sefydlodd yn dangos eu consyrn am Gristnogion Jerwsalem o dan arweiniad Iago drwy gasglu arian i'w cynorthwyo.

2. Y mae Crist yn rhyddhau canolfur rhagfarn.

Y mae rhagfarn yn beth arall sy'n gallu dod rhwng pobl, fel mur. Gellir meddwl am ragfarn fel mur yn Ne Affrica gynt, neu yng Ngogledd Iwerddon heddiw. Hawdd nabod rhagfarnau pobl eraill; nid mor hawdd adnabod ein rhagfarn ein hunain! Rhybuddiodd Willam James: *"A great many people think they are thinking when they are merely rearranging their prejudices!"* A chofiaf glywed yr Athro R.Buick Knox, y Gwyddel a ddysgodd Gymraeg, yn dweud yn Aberystwyth llawer blwyddyn yn ôl: *"We say that we propound principles when we are really peddling prejudices."*

Rhagfarn oedd yn rhwystro Pedr yn ei berthynas â Chornelius, ond, trwy gyfres o weledigaethau, rhyddhaodd yr Arglwydd y canolfur hwnnw i Pedr fedru ei ddymchwel a daeth Pedr yn gyfrwng bendith i Gornelius a'r Cenhedloedd (Actau 10).

3. Y mae Crist yn rhyddhau canolfur gelyniaeth.

Dichon mai gelyniaeth yw'r canolfur mwyaf a chryfaf sy'n bodoli rhwng dynion â'i gilydd, ond dysgodd yr Arglwydd fod yn rhaid caru gelyn - a mwy na dysgu hyn, fe'i gweithredodd. Iddo ef, nid ymateb emosiynol oedd caru ond gweithred yr ewyllys. Dyna sut y medrai orchymyn i'w ddilynwyr garu. Fe ryddhaodd ei ddisgyblion o'r gred fod yn rhaid hoffi pobl cyn y medrir eu caru, a thrwy wneud hyn eu galluogi i ddymchwel mur gelyniaeth.

SWMBWL YN Y CNAWD - SKOLOPS

Dim ond unwaith y gwelir y gair SKOLOPS yn y Testament Newydd.
Paul sy'n ei ddefnyddio yn 2 Corinthiaid 12:7 wrth gyfeirio at ryw
anabledd corfforol a oedd yn ei boeni. Yn ôl yr hen gyfieithiadau
dioddefai Paul o *"swmbwl* (SKOLOPS) yn y cnawd" tra bod *Y
Testament Newydd Diwygiedig* (1882) a'r *Beibl Cymraeg Newydd* yn
disgrifio'r hyn a'i boenai fel *"draenen* yn y cnawd". Eglurodd William
Edwards mai *"polyn, pawl* wedi ei flaenllymu *er ei yrru* i'r ddaear"
oedd SKOLOPS mewn gwirionedd, gan ychwanegu: "Un ffordd o
roddi i farwolaeth oedd trywanu y corph neu ei daflu ar bolyn blaenllym
(*impalement*)." Dyna pam yr awgrymodd *Y Testament Newydd
Diwygiedig* ar ymyl y ddalen fod "ystanc" yn drosiad posibl i'r gair
SKOLOPS.

Er hynny, yn y Septwagint, cyfieithiad Groeg yr Hen
Destament, arferir SKOLOPS am *ddraenen* (cymh. Numeri 33:55;
Eseciel 28:24; Hosea 2:6); ond yn y papurfrwyn ac ar lafar gwlad
arferid y gair hefyd am *sblinter*. O gofio mor boenus ac anghyffyrddus
y gall rhywbeth mor fach â draenen neu sblinter fod pan yw wedi
cydio ynom, diau mai *draenen* neu *sblinter* yw'r trosiad gorau o'r
anabledd corfforol a boenai Paul, gan ei fod yn ei flino'n barhaus -
neu yn ei *gernodio* yn ôl yr hen gyfieithiadau - ond heb fod yn ddigon
i'w rwystro rhag parhau gyda'i waith fel cenhadwr dros yr Efengyl.

Ni ddywed Paul ei hun beth yn union oedd y nam corfforol a'i
flinai a bu'r afiechyd yn destun dyfalu er yr ail ganrif. Poen arteithiol
yn y pen, migren, ydoedd, yn ôl Tertwlian. Na, meddai rhai o Dadau'r
Eglwys, nid *afiechyd* mohonno o gwbl ond y boen a achoswyd i Paul
gan wrthwynebiad ac erledigaeth ei elynion. Credai mynachod y canol
oesau mai chwantau cnawdol oedd yn poeni'r Apostol, tra bod eraill
yn dadlau fod clefyd meddyliol yn plannu ynddo iselder ysbryd a
arweiniai ar adegau i'r demtasiwn i gyflawni hunan-laddiad. Credai
Luther fod Paul yn cael ei fwrw gan y pruddglwyf i bob math o
dreialon a themtasiynau ysbrydol.

Y mae rhai o'r sawl a geisiodd rhoi enw ar afiechyd Paul wedi
awgrymu iddo ddal malaria wrth deithio drwy iseldiroedd Asia Leiaf,
lle roedd y clefyd yn rhemp. Cyn darganfod cyffur i'w reoli, dolur

oedd hwnnw na fyddai'n gollwng ei afael mewn dyn, gan ei daro'n ysbeidiol â phoenau dirdynnol yn y pen - fel pe bai *ystanc* (SKOLOPS) yn cael ei fwrw i fewn i gorff y dioddefwr.

Awgrymodd J. B. Lightfoot fod Paul yn dioddef o epilepsi. Clefyd ysbeidiol yw hwn hefyd, yn *cernodio* dyn ar adegau, gan ei adael yn rhydd am gyfnodau maith. Yn yr Hen Fyd roedd rhagfarn yn gryf yn erbyn y sawl a ddioddefai o epilepsi - ni ddiflannodd yn llwyr hyd heddiw - a dichon mai at hyn y cyfeiriodd yr Apostol wrth atgoffa'r Galatiaid iddo bregethu'r Efengyl iddynt y tro cyntaf mewn gwendid corfforol:

> ac er i gyflwr fy nghorff fod yn demtasiwn i chwi, *ni fuoch na dibris na dirmygus ohonof*, ond fy nerbyn a wnaethoch fel angel Duw, fel Crist Iesu ei hun (Gal. 4:13, *B.C.N.*).

Posibilrwydd arall yw mai trafferthion gyda'i olwg oedd yn poeni'r Apostol. Dichon ei fod yn dioddef o ryw fath o glefyd a oedd yn achosi poen yn y llygaid a'r pen ac yn amharu ar ei olwg. Y mae nifer o gyfeiriadau yn y Testament Newydd ac yn llythyrau Paul sy'n cefnogi'r ddamcaniaeth hon.

Yn gyntaf, y mae Luc yn cofnodi i'r Apostol gael ei daro'n ddall wedi iddo weld goleuni o'r nef ar adeg ei droëdigaeth:

> Cododd Saul oddi ar lawr, ond er bod ei lygaid yn agored ni allai weld dim... Bu am dridiau heb weld, ac ni chymerodd na bwyd na diod (Actau 9:8-9, *B.C.N.*).

Yn ail, y mae'r awgrym ei fod yn dioddef â'i lygaid yn egluro'i honiad wrth aelodau'r eglwys yn Galatia

> y buasech wedi tynnu'ch llygaid allan a'u rhoi imi, petai hynny'n bosibl (Gal. 4:15, *B.C.N.*).

Yn drydydd, y mae trafferth â'i olwg yn un eglurhad posibl ar y llythrennau bras a arferodd Paul pan ysgrifennai â'i law ei hun at y Galatiaid (Gal. 6:11). Dywed 2 Thes. 3:17 mai arfer yr Apostol ar ddiwedd llythyr oedd cymryd y pin o law yr un a fyddai'n gweithredu fel ysgrifennydd iddo er mwyn ychwanegu ei lofnod ei hun. Wrth wneud hyn ar ddiwedd ei lythyr at y Galatiaid, ychwanegodd baragraff sy'n tynnu sylw at lythrennau mawr, bras ei law ei hun; ac awgrymodd William Edwards:

> Ysgrifennodd Paul yn y cyfryw fodd o herwydd diffygion ei olygon. Nis gallai weled i ysgrifennu mewn llythyren fân.

Ar ddiwedd ei hoes faith, roedd Mam yn cael trafferthion â'i llygaid. Wrth ochr y ffôn cadwai gerdyn ac arno mewn llythrennau trwchus, bron modfedd o faint, roedd wedi ysgrifennu y rhifau ffôn a oedd yn bwysig iddi. Bob tro y gwelwn y cerdyn, meddyliwn am Paul!

Yn bedwerydd, y mae'r Testament Newydd yn cydnabod fod rhyw gysylltiad rhwng Paul a Laodicea (gw. Col. 2:1; 4:13,15,16), tra bod ôl-nodiad mewn amryw o'r hen lawysgrifau o 1 Timotheus yn dweud mai yn Laodicea y'i hysgrifennwyd gan yr Apostol. Lle a oedd yn enwog am gynhyrchu eli i iro llygaid oedd Laodicea (cymh. Datguddiad 3:17-18) ac mae'n hawdd credu mai dyna oedd yn gyfrifol fod Paul wedi dod i gysylltiad â'r ddinas honno yn y lle cyntaf.

Ni ellir ond dyfalu beth oedd y SKOLOPS a flinai Paul; ond dylid nodi nad yw'n beio Duw amdano, nac yn edliw i Dduw am beidio â'i symud - er iddo ofyn am hynny deirgwaith (2 Cor. 12:8). Yn hytrach, y mae Paul yn ystyried fod gras Duw yn fwy na digon i wneud i fyny am flinder y SKOLOPS, tra bod y gwendid a ddaw yn ei sgîl yn gyfle i nerth Duw i gael ei amlygu. Yn wir, er yn cydnabod ei wendid ei hun, gallai'r Apostol ymffrostio: "Y mae gennyf gryfder at bob gofyn trwy yr hwn sydd yn fy nerthu i" (Phil. 4:13, *B.C.N.*).

SYLWADAU PAUL AR EGLWYS GYTÛN

Yn 1 Corinthiaid 1:10 y mae Paul yn erfyn ar aelodau'r eglwys a blannodd yng Nghorinth, prifddinas Achaia, iddynt "oll fod yn gytûn" (*B.C.N.*). Ac yntau yn aros yn Effesus, clywed am y sefyllfa yng Nghorinth a barodd i'r Apostol gyhoeddi'r anogaeth, gan fod aelodau eglwys (na allai fod yn fwy na dwyflwydd oed) eisoes wedi ymrannu'n bleidiau a oedd yn arddel enwau rhai o gewri'r Eglwys Fore. Yr oedd un blaid rhyddfrydol yn ymffrostio yn yr enw "Plaid Paul", tra bod plaid arall mwy ceidwadol yn ei galw hi ei hun yn "Blaid Pedr". I blaid Apolos, yr athronydd o Alecsandria, y perthynai gwybodusion yr eglwys yng Nghorinth, tra bod y bobl hunan-gyfiawn na chredai mewn ymbleidio wedi ymffurfio'n blaid Crist! Mewn dinas lle roedd paganiaeth mor gryf a'r eglwys yn newydd a gwan, byddai'r rhaniadau yn peryglu, yn anharddu ac yn peri gwewyr - dyna awgrym y geiriau a ddefnyddiodd Paul yn y ddegfed adnod.

1. Rhaniadau peryglus.

Y mae J. B. Lightfoot yn dweud mai idiom o fyd gwleidyddiaeth a arferodd Paul wrth annog y Corinthiaid "i ... fod yn gytûn" (*B.C.N.*), neu i "ddywedyd bawb ohonoch chwi yr un peth" yn ôl yr hen gyfieithiad sy'n rhoi trosiad llythrennol o'r ymadrodd a ddefnyddiodd yr Apostol.

"Dweud yr un peth" oedd yr ymadrodd Groeg a arferid pan oedd dwy wlad elyniaethus neu dwy blaid a oedd wedi tynnu'n groes yn dod i gytundeb â'i gilydd. Arwyddai eu bod wedi rhoi'r gorau i elyniaeth ac ymladd gan ddechrau cydweithio a chyd-dynnu. Roeddent bellach yn siarad yr un iaith.

Awgryma'r ymadrodd mai gweld y rhaniadau yng Nghorinth yn nhermau brwydr beryglus rhwng y pleidiau a wnâi Paul. Y mae ymbleidio, o angenrheidrwydd, yn golygu fod gwaith yr eglwys yn dioddef gan fod pleidiau yn mesur llwyddiant y gwaith wrth lwyddiant eu plaid - ac o'r herwydd tuedd aelodau plaid yw canolbwyntio ar hyrwyddo eu safbwynt hwy eu hunain y tu mewn i'r eglwys yn hytrach na lledaenu'r Efengyl y tu allan. Y mae ymbleidio yn beryglus am ei fod dihysbyddu egni'r eglwys ac yn fygythiad mewnol i'r gwaith.

Onid Spurgeon a rybuddiodd mai'r dŵr oddi mewn sy'n suddo llong ac nid y dŵr oddi allan!

2. Rhaniadau hyll ac anhyfryd.

Y gair am *"ymbleidiau"* (William Edwards) neu *"ymraniadau"* (*B.C.N.*) yn yr adnod yw SCHISMATA, lluosog SCHISMA - y gair a roes inni'r geiriau Cymraeg *sism* neu *sgism*. Yr un gair Groeg a ddefnyddiodd yr Efengylwyr wrth gofnodi am y *rhwyg* a ddaw pan geisir wnïo darn o frethyn newydd heb ei bannu ar hen ddilledyn (Mathew 9:16; Marc 2:21) a cheir digon o enghreifftiau tebyg mewn Groeg Clasurol o SCHISMA yn golygu *rhwyg*. Ond beth yw effaith rhwyg ar ddilledyn? Onid ei ddifwyno a'i anharddu a wna? Yr un yw effaith rhwygiadau mewn eglwys, corff Crist.

Dichon fod modd canfod digon o smotiau wrth edrych ar unrhyw eglwys ac mae rhai yn barod i ddefnyddio'r diffygion hyn fel rheswm i rwygo ychydig mwy arni er mwyn dileu'r brychau; ond rhybuddiodd y Piwritan, Samuel Rutherford:

It is a fearful sin to make a rent and a hole in Christ's mystical body because there is a spot in it!

3. Rhaniadau poenus.

Y ferf KATARTIZÔ a arferodd yr Apostol am *gyfannu* (*B.C.N.*), *cwbl-aduno* (William Edwards), *uno yn berffaith* (*Yr Oraclau Bywiol*) a *chyfan-gysylltu* (yr hen gyfieithiad). Mae'r ferf i'w gweld droeon yn y Testament Newydd Groeg. Hon yw'r ferf a arferodd yr Efengylwyr pan yn sôn am *gyweirio'r* rhwydau (Mathew 4:21; Mark 1:19), ac mae'n ddigon naturiol i feddwl am y gair yn y cyswllt hwn yn yr Epistol at y Corinthiaid fel anogaeth i *gyweirio'r* rhwyg, y sgism, yn eglwys Corinth.

Ond tybed a oedd Paul hefyd yn ymwybodol o gefndir meddygol y gair wrth iddo ei ddefnyddio yma? O waith ysgrifenedig Claudius Galenus (Galen), y meddyg o'r ail ganrif o Oed Crist, y daw'r prawf fod y gair yn cael ei ddefnyddio gan feddygon. Ym Mhergamum a Smyrna (nid nepell o Effesus, lle'r ysgrifennodd Paul yr epistol) yr astudiodd Galen feddygaeth ac ystyr KATARTIZÔ iddo ef oedd *ail-osod esgyrn a oedd wedi eu torri*. Os oedd yr ystyr feddygol ym meddwl yr Apostol, dichon ei fod am awgrymu tri pheth:- yn gyntaf,

fod y rhwyg/toriad ei hun yn beth poenus; yn ail, fod y gwaith o
gyfannu'r rhwyg hefyd yn broses araf a phoenus ac, yn drydydd, ei
fod yn galw am gymorth meddyg.

Er hynny, oni ddylid pwysleisio mai sôn am rwygiadau yn yr
eglwys *leol*, sef yr eglwys yng Nghorinth, a wnâi Paul? Am "eglwys"
ag "e" fach, y sonia mewn gwirionedd! Dichon *na* ddylid cymhwyso'i
eiriau i'r Eglwys gatholig, fyd-eang a galw'r amrywiaethau yn ein
heglwysyddiaeth yn raniadau *pechadurus!*

Mae emyn Edward Jones yn gweddu os mai am raniadau o
fewn i'r eglwys leol y canwn:

Darfydded sôn am bob ymryson mwy,
Partïol farn, a rhagfarn, lawr â hwy;
Doed ysbryd hedd, tangnefedd yn eu lle,
A chariad pur, o'r Cariad sy'n y ne'.

Edward Jones, Maes-y-plwm

SYLWADAU PELLACH AM EGLWYS GYTÛN

Ymddengys mai emyn yn ymwneud â rhaniadau o fewn i'r Eglwys fyd-eang yw eiddo Isaac Watts:

> Tosturia, Ysbryd Glân yn awr,
> Wrth rwygau d'Eglwys ar y llawr;
> Gostega lid a therfysg dyn
> A gwna ni eto bawb yn un.
>
> Ein hymraniadau ar y llawr,
> Dilea'n llwyr, O Arglwydd mawr;
> Mewn cytgord peraidd boed ein cân
> I'r Tad a'r Mab a'r Ysbryd Glân.
>
> Un Arglwydd sydd i'r Corff yn Ben,
> Un Crist yn Aberth ar y Pren,
> Un Duw a Thad i'r fyddin Gref,
> Un ffydd a gobaith am y nef.

Ond ai "rhaniadau pechadurus" yw'r rhai a welir o fewn i'r Eglwys fyd-eang, fel y myn rhai; ynteu a ydynt yn cynrychioli'r "Ffydd a roddwyd unwaith i'r saint" – a hwnnw yn ei amrywiaeth gogoneddus, gwreiddiol?

Honnodd y Tadau Ymneilltuol, fel y Tadau Protestannaidd a'r Tadau Catholig o'u blaen, mai'r Ysbryd Glân a'u harweiniodd at eu pwyslais diwinyddol a'u trefn eglwysig arbennig wedi iddynt astudio'r hyn a welir am yr Eglwys yn Testament Newydd. Os yw hyn yn wir, yr Ysbryd Glân ei hun sy'n gyfrifol am "raniadau'r eglwys" gan mai yntau a ysbrydolodd y Tadau gwahanol i gynnig y ffurf o eglwysyddiaeth a dderbyniwyd gan ein gwahanol enwadau – y ffurfiau a gofleidiwyd gennym ni ac y teimlwn yn gyffyrddus ynddynt. Mae'r Testament Newydd hefyd yn atebol am y raniadau, gan mai yno y daethpwyd o hyd i'r patrymau gwahanol a ddilynwn.

Ac eto, os gwir hyn, byddem yn disgwyl fod *olion* o eglwysyddiaeth rhanedig i'w canfod yn y Testament Newydd ei hun.

Dichon na ddylid disgwyl mwy nag *olion* gan na luniwyd y Testament Newydd i ateb ein cwestiynau penodol ni. Casgliad o ddefnyddiau at wasanaeth yr Eglwys Fore ydyw - a honno'n Eglwys a oedd i bob pwrpas yn disgwyl yr ail-ddyfodiad i ddigwydd ar fyrder, ac felly'n gweithredu gyda golwg ar y tymor byr. Casgliad yw'r Testament Newydd o'r efengylau, yr epistolau a defnyddiau eraill a ysgrifennwyd ar gyfer eglwysi penodol, mewn sefyllfaoedd penodol. Y rhyfeddod yw ei fod yn berthnasol i'n sefyllfa ni heddiw.

Nid Eglwys unffurf, nac hyd yn oedd Eglwys uniongred, a welwn yn y Testament Newydd! Pan feddyliwn am yr Eglwys Fore, felly, nid am eglwys unffurf, nac hyd yn oed eglwys uniongred, y dylem feddwl ond am eglwysi o dan arweiniad dynion gwahanol, ag iddynt drefniadau gwahanol a chanddynt bwyslais gwahanol wrth iddynt geisio rhoi mynegiant i'w profiadau byw iawn o'r Crist atgyfodedig. Am " Eglwysi'r Testament Newydd" y dylem sôn, nid am "Eglwys y Testament Newydd". Ond, er y gwahaniaethau amlwg rhyngddynt, roeddent yn dal mewn cymundeb â'i gilydd.

Eglwys draddodiadol yn dilyn patrymau Iddewig oedd yr eglwys a arweiniai Iago yn Jerwsalem, tra bod yr eglwysi a blannodd Paul wedi torri'n rhydd o'r llyffetheiriau Iddewig ac yn arbrofi â phatrymau oedd yn gweddu i sefyllfa'r byd cenhedlig. O dan oruchwyliaeth gofalus Iago, roedd yn Jerwsalem "gredinwyr dirifedi ymhlith yr Iddewon ...i gyd yn selog dros y gyfraith" (Actau 21:20). Roedd y Cristnogion a addolai yn Jerwsalem felly'n dal i fynychu'r Deml ac yn dilyn gofynion y Gyfraith, tra'n presenoli eu hunain hefyd mewn "synagogau" Cristnogol, lle cymdeithasent â'u cyd-Cristnogion, gan glywed a dysgu am Iesu a thorri bara er cof amdano. [Yr enw a ddefnyddiodd Epistol Iago am "eglwys" yn 2:2 yw *synagog* (SYNAGOGÊ) er mai *cynulleidfa* a welir yn yr hen gyfieithiad Cymraeg; ond roedd yr awdur hefyd yn gyfarwydd ag, ac yn arfer, yr enw *eglwys* (EKKLÊSIA) yn 5:14. O gofio y gallai synagogau gwrdd mewn tai cyffredin, nid yw'r syniad fod synagogau Cristnogol yn bodoli yn Jerwsalem ym mlynyddoedd cynnar yr Eglwys yn un rhyfedd. Roedd y ddinas yn llawn o synagogau a oedd wedi eu neilltuo i ryw arbenigedd neu ddiddordeb arbennig a berthynai i'w cynulleidfaoedd gwahanol (Actau 6:9). Y pwynt a bwysleisir yw bod Cristnogion Jewsalem yn ymgynull fel eglwys (synagog) tra hefyd yn addoli yn y Deml.]

Awydd Iago ei hun oedd gweld Cristnogion ymhobman yn debycach i'w ddelw Iddewig ef o Gristnogaeth, er ei fod yn barod i laesu rhywfaint ar y gofynion ar gyfer y Cenhedloedd (Actau 15:19; 21:25). Ar y llaw arall, mynnai Paul bregethu Cristnogaeth a oedd yn rhydd o lyffetheiriau'r Gyfraith Iddewig (e.e. Rhufeiniaid 3:28). Ond, er gwaethaf hyn, yr oedd wedi caniatáu i Timotheus, a oedd yn fab i Iddewes, gael ei enwaedu er mwyn plesio'r Iddewon (Actau 16:3), er iddo, yn ddiweddarach ymffrostio na orfodwyd enwaedu Titus, a oedd yn Roegwr, pan ymwelodd â Jerwsalem (Galatiaid 2:3). Ac eto, pan aeth Paul i Jerwsalem i ymweld â Iago mewn cyfnod diweddarach, roedd ef ei hun yn ddigon parod i gydymffurfio â gofynion yr eglwys yno gan fynd trwy "ddefod pureiddio" yr Iddewon (Actau 21:17*ff.*) – fel pe bai yn cydnabod hawl yr eglwys yno i benderfynu ei gofynion ei hun.

Arweiniai'r gwahaniaeth rhwng safbwyntiau Iago a Phaul i wahaniaethau yn y ffordd yr addolai yr eglwysi o dan eu gofal; tra bod y gwahaniaethau diwinyddol a fodolai rhyngddynt yn cael eu tanlinellu yn y drafodaeth sy'n bodoli ymhlith ysgolheigion ynghylch safbwynt Epistol Iago a'r Epistolau Paulaidd ar ffydd a gweithredoedd. "Cyfiawnhad drwy ffydd yn unig" yw safbwynt Paul, tra bod Epistol Iago yn cyhoeddi "ffydd heb weithredoedd marw yw". Derbynnir yn gyffredinol fod Epistol Iago yn cynrychioli safbwynt Iago, er na chytuna pawb mai ef yw'r awdur. Beth, felly, yw perthynas y naill safbwynt i'r llall? Teimla rhai fod Paul yn cywiro pwyslais Iago, tra bod amryw o'r farn mai Iago sy'n cywiro Paul. Y tebygolrwydd yw na wyddai y naill fawr am safbwynt y llall a'u bod yn sôn am ffydd ar adegau gwahanol yn ei ddatblygiad. Am y ffydd sy'n *arwain* at iachawdwriaeth y sonia Paul, tra bod Iago yn pwysleisio y ffydd sy'n *ganlyniad* i iachawdwriaeth. Pa ddehongliad bynnag sy'n gywir, dengys y drafodaeth fod ysgolheigion yn credu fod y ddau Apostol yn coleddu safbwyntiau gwahanol.

Ymddengys fod Pedr yn gwahaniaethu wrth y ddau! Er gwaetha'r weledigaeth a gafodd cyn cwrdd â negeswyr Cornelius (Actau 10:9*ff.*), roedd yntau'n fwy traddodiadol a cheidwadol na Phaul, ond heb fod mor eithafol ag Iago. Yn y cyfnod pan oedd Iago a Phaul ar ganol y ddadl rhwng ceidwadaeth a rhyddfrydiaeth, roedd Pedr megis yn eistedd ar y ffens, ac mae'r hyn a ddigwyddodd yn Antiochia yn ddadlennol gan ei fod yn tanlinellu'r tyndra a fodolai yn yr Eglwys Fore ar faterion cred ac arfer (Galatiaid 2:11*ff*.).

Awgryma'r Testament, hefyd, fod gweinidogaeth yn yr Eglwys Fore yn amrywio'n fawr. Nid oes amheuaeth mai Iago oedd pennaeth yr Eglwys yn Jerwsalem a bod ei flaenoriaeth yn yr Eglwys Fore yn cael ei gydnabod yn gyffredin – hyd yn oed gan Paul. O'i gwmpas yn Jerwsalem roedd hefyd *henuriaid* (PRESBUTEROI, Actau 21:18). Ond er mai Paul a blannodd yr eglwys yng Nghorinth, prin y gellir ei ysyried yn bennaeth arni! Yn ystod ei drafferthion gyda'r eglwys yno, nid oedd un arweinydd yn yr eglwys y gallai gysylltu'n uniongyrchol ag ef, gan mai arweinyddiaeth garismataidd pobl wedi eu donio a welid yn yr eglwys. Ac eto, pan ysgrifennai at yr eglwys yn Philipi, cyfarchai'r *arolygwyr* (neu *esgobion*) a'r *diaconiaid* – er bod dadlau ynghylch arwyddocâd y teitlau hyn. Yr Epistolau Paulaidd yw'r unig weithiau yn y Testament Newydd sy'n cyfeirio at *arolygwyr / esgobion* (EPISKOPOI) a *diaconiaid* (DIAKONOI) fel be baent yn swyddi o fewn i'r eglwys. Cyfeiriant hefyd at *henuriaid*, yr enw mwyaf cyffredin am arweinwyr yr Eglwys Fore yn y Testament Newydd. Dyma'r enw a welir yn ysgrifeniadau Iago, Pedr ac Ioan, tra bod yr Epistol at yr Hebreaid yn arfer *arweinwyr* (HEGOUMENOI, 13:7, 17, 24). Gyda chymaint o enwau – a'u hystyr braidd yn amwys – yn cael eu harfer am y rhai a arweiniai'r eglwys, nid yw'n syndod fod ysgolheigion yn cytuno fod yr arweinyddiaeth yn gallu amrywio o eglwys i eglwys

Oherwydd yr amrywiaethau hyn mewn pwyslais a threfn, mae'n amlwg mai am "eglwysi'r Testament Newydd" y dylid sôn, ac nid am "Eglwys y Testament Newydd". Ond er y gwahaniaethau amlwg a dwfn a fodolai rhwng y Cristnogion yn eglwysi'r Testament Newydd, y mae hyn o dystiolaeth sydd gennym yn awgrymu iddynt ddal mewn cymundeb â'i gilydd.

Roedd yr Un y credent ynddo yn eu huno – ac roedd yntau'n fwy na dim a allai eu gwahanu.

Os yw hyn i gyd yn gywir, gall bron y cyfan o'r eglwysi yr ŷm ni'n ymwneud â hwy heddiw hawlio eu bod wedi eu sefydlu yn unol â thraddodiadau a welir yn y Testament Newydd. Gall y rhai sy'n dilyn yr Offeren, gan offrymu "aberth" adeg y Cymun, edrych i gyfeiriad Jewsalem ac arfer Cristnogion yno i barhau i fynychu'r Deml a dilyn y defodau Iddewig; tra bod y dulliau mwy anffurfiol i ddathlu'r Cymun yn cael ei cyfiawnhau gan bwyslais Paul ar ryddid. Gall y sawl sy'n ffafrio Esgobyddiaeth, fel y sawl sy'n ffafrio Presbyteriaeth neu Gynulleidfaoliaeth, hefyd weld cyfiawhad i'w safbwynt yn y Testament Newydd.

Yr hyn *na* welir yn y Testament Newydd yw'r hawl i wrthod cymuno â'r sawl sy'n dilyn trefn wahanol - a hyd yn oed yn credu'n wahanol i ni - os yw'n cyffesu â'i holl galon mai Iesu yw Mab Duw.

TAFOD - GLOSSA

Mae'r gair GLOSSA, *tafod*, yn ymddangos rhyw hanner cant o weithiau yn y Testament Newydd ac yn y rhan fwyaf o'r enghreifftiau o'i ddefnydd nid oes dadl ynghylch ei ystyr a'i arwyddocâd. Fe all gyfeirio at y tafod ei hun:

> Os yw rhywun yn tybio ei fod yn grefyddol, ac yntau yn methu ffrwyno'i *dafod*, ac yn wir yn twyllo'i galon ei hun, yna ofer yw crefydd y dyn hwnnw (Iago 1:26).

Dro arall y mae'r gair *tafod* yn cael ei ddefnyddio'n drosiadol:

> Ymddangosodd iddynt *dafodau* fel o dân...(Actau 2:3) – "*what looked like tongues of fire*" yw cyfieithiad William Barclay.

Wedyn, yn y Llyfr Datguddiad y mae ffurf ar y gair GLOSSA i'w weld saith waith yng nghwmni "llwyth," "pobl" a "chenedl" yn cael ei drosi â'r gair *iaith*, megis :

> Teilwng wyt ti ... oherwydd ti a laddwyd, ac a brynaist i Dduw â'th waed ddynion o bob llwyth ac *iaith* a phobl a chenedl (Datguddiad 5:9).

Ond y defnydd mwyaf diddorol o'r gair GLOSSA yw hwnnw a welir gan yr Apostol Paul pan yw'n ysgrifennu am ragoriaeth proffwydoliaeth ar y ddawn i "lefaru â thafodau" (1 Corinthiaid 14). Yn y cyswllt hwn, dywed geiriadur bach Alexander Souter fod y gair GLOSSA yn cael ei ddefnyddio "*usually in the plural, for the unintelligible sounds uttered in spiritual ecstasy*;" tra bod Alan Richards yn disgrifio'r peth fel "*a kind of inspired gibberish.*" O fod wedi clywed "llefaru â thafodau" droeon mewn eglwysi "carismataidd", mae'n hawdd deall y ddau ysgolhaig a'i galwodd yn "*unintelligible sounds*" ac hyd yn oed "*gibberish.*"

Nid oes amheuaeth fod Paul yn credu fod "llefaru â thafodau" yn israddol i "broffwydo"; ond mewn cyfnod pan yw "llefaru â thafodau" yn ffenomenon sydd ar gynnydd mewn eglwysi carismataidd, dichon na fyddai deffiniad Souter a disgrifiad Richardson ohono yn cael eu hystyried yn deg gan lawer.

Ni ellir gwadu'r ffaith fod Paul yn ystyried llefaru â thafodau yn ddawn ysbrydol ac yn honni ei fod ef ei hun yn meddu'r ddawn honno (darllener 1 Cor. 14:1-16). Er hynny, tra'n cydnabod fod pob dawn ysbrydol yn werthfawr, myn yr Apostol nad yw pob dawn ysbrydol yn gyfwerth, a dengys fod y ddawn i lefaru â thafodau yn israddol i'r ddawn o broffwydo.

Awgryma John Tudno Williams yn *Llith i Gorinth* fod *proffwydo* yn gyfystyr â *phregethu byrfyfyr*, tra bod William Barclay yn dweud amdano ei fod *"very nearly the equivalent of preaching."* Disgrifiad Paul ei hun ohono yw ei fod yn math o lefaru sy'n adeiladu a chalonogi a chysuro'r gwrandawyr (1 Cor. 14:3). Ar y llaw arall, mae'n ystyried llefaru â thafodau fel rhywbeth sydd, ar ei orau, yn fynegiant o ddefosiwn personol ac, ar ei waethaf, yn arddangosiad o falchder a hunanoldeb ysbrydol. Pwysleisia'r Apostol mai'r peth mawr am broffwydoliaeth, a'i nodwedd hanfodol, yw ei fod yn ddealladwy, ac i danlinellu'r gwirionedd hwn y mae'n defnyddio nifer o eiriau gwahanol.

    Yn adnod 9 dywed mai ofer llefaru â thafodau "os na thraethwch air y gellir ei ddeall" (*B.C.N*), neu "ymadrodd hawdd ei ddeall" (William Edwards). Un gair yn y Groeg, EUSÊMOS, yw *ymadrodd hawdd ei ddeall.* Ystyr llythrennol y gair, sy'n ymddangos yma yn unig yn y Testament Newydd, yw "arwydd dda" neu "arwydd glir"; hynny yw, y mae proffwydoliaeth yn gosod pethau allan yn glir, ac felly'n ddealladwy - ac nid yn dywyll ac yn annealladwy, fel llefaru â thafodau.

    Braidd yn anodd ac aneglur yw trosiad y *Beibl Cymraeg Newydd* o 1 Cor. 14:10, er bod cynnwys adnod 11 yn help i ddeall ei ergyd:

> Mor niferus yw'r mathau o leferydd a ddichon fod yn y byd! Ac nid oes dim oll heb leferydd. Ond os nad wyf yn deall ystyr y lleferydd, byddaf yn farbariad aflafar i'r llefarwr, ac yntau i minnau.

Ystyr llythrennol y ddegfed adnod yw bod "llawer math o synau yn y byd ac nid yw un ohonynt yn ddi-sŵn"; hynny yw, sŵn yw iaith ac nid yw un o'r synau hyn yn ddiystyr (ond i'r sawl nad yw'n deall yr iaith). Cyfieithiad William Edwards o'r unfed adnod ar ddeg yw:

> Os nad wyf gan hynny yn gwybod ystyr y llais [neu sŵn], mi a fyddaf i'r hwn sydd yn llefaru yn farbariad, a'r hwn sydd yn llefaru fydd i minnau yn farbariad.

Roedd iaith estroniaid i glywed fel "Bar bar bar" yng nghlustiau'r

Groegiaid, ac felly eu henw arnynt oedd "Barbariaid"!

Unwaith eto, ergyd yr adnodau hyn yw nad oes unrhyw bwrpas i lefaru annealladwy, di-synnwyr, hyd yn oed os yw ymhlith doniau'r Ysbryd. Y doniau sydd i'w chwenychu yw'r "rhai sy'n adeiladu'r eglwys" (*B.C.N.*) (12).

Tanlinellir y gwirionedd ymhellach yn adnodau 13 -16. Yn 14 a 15 y mae Paul yn defnyddio'r gair NOUS, *meddwl, deall,* deirgwaith wrth bwysleisio lle'r deall yn holl weithgarwch yr eglwys. Yna, yn adnod 16 y mae'n gofyn:

> Canys os bendigi ag ysbryd [h.y. os byddi'n llefaru â thafodau wrth weddio] pa fodd y dywed y sawl a fo yn sedd y cyffredin yr Amen i'th ddiolch di? (*C.P.C.*)

Fe ellid trosi'r geiriau: "... pa fodd y dywed yr *idiot* Amen...?"! IDIOTES a geir yn y Groeg. Ei ystyr wreiddiol oedd *yn perthyn iddo'i hun, preifat*; ond dengys Geiriadur mawr Kittel iddo ddatblygu'r ystyr "*the 'outsider' or 'alien' as distinct from a member.*"

O gofio nad yw Paul ei hun yn arfer y ddawn i lefaru â thafodau, ymddengys, felly, ei fod ef yn ei hystyried yn ddawn sy'n pwysleisio'r gwahaniaethau mewn eglwys yn hytrach nag yn ddawn sy'n adeiladu ac yn uno eglwys.

TALWYD YN LLAWN! – APECHÔ

"… un o'r ymadroddion mwyaf dyrys yn y Testament Newydd" meddai William Edwards am y gair APECHEI – y ffurf amhersonol neu'r trydydd person unigol o APECHÔ, a welir yn Marc 14:41. "*Digon yw!*" yw trosiad William Salesbury o'r gair hwn ar wefusau'r Iesu yng ngardd Gethsemane, tra bod *Yr Oraclau Bywiol* yn cynnig "*Y mae popeth drosodd!*" Ymgais William Edwards ei hun (1894) yw: "*Y mae ymhell oddiwrthyf fi!*" gan esbonio mai Jwdas Iscariot oedd ymhell i ffwrdd ac "felly yr oedd gan y Disgyblion ychydig yn rhagor o amser i orphwys." Ceidw *Cyfieithiad Prifysgol Cymru* o Efengyl Marc (1921) yr un cyfieithiad â Salesbury, ond ychwanegir ar waelod y ddalen: "Neu, *fe gafodd ei dâl* (yn ôl ystyr gyffredin y gair)." "*Dyna ddigon*" yw trosiad *Y Beibl Cymraeg Newydd*, gyda nodyn tebyg i hwnnw yn *C.P.C.* ar waelod y ddalen.

Y mae trosiadau gwaelod y ddalen y ddau gyfieithiad olaf yn cael eu cynnig yng ngoleuni'r wybodaeth am y gair a gafwyd mewn hen bapurfrwyn a ddarganfuwyd mewn tomenni sbwriel yn yr Aifft. Ynddynt gwelir APECHÔ yn gyson ar dalebau (*receipts*) ac, yn ôl y *Geiriadur Beiblaidd*, arwydda "derbyniad cyflawn gorffenedig", neu, *Talwyd yn llawn!*

"*Talwyd yn llawn!*" yw'r trosiad gorau o'r ymadrodd yn y Bregeth ar y Mynydd a'r Bregeth ar y Gwastatir (Mathew 6:2, 5, 16 a Luc 6:24). Yno hawlia'r Iesu fod y rhagrithwyr sy'n ceisio sylw am eu helusengarwch, eu defosiwn a'u duwioldeb, ynghyd â'r cyfoethogion sy'n mawrhau'r materol, eisoes wedi derbyn popeth y gallant ddisgwyl. Yn ofer y disgwyliant am unrhyw fendith ychwanegol. Fe'u talwyd yn llawn ac nid oes gwobr fwy yn eu haros.

Y mae'r un ystyr yn amlwg yn Philipiaid 4:18, lle mae'r *B.C.N.* yn rhagori ar Salesbury ("*Pellach ys derbyniais oll*") a'r hen gyfieithiad drwy gyhoeddi: "*Yr wyf fi wedi derbyn fy nhâl yn llawn...*" Gwelir yr un gair yn Philemon 15, a gellid rhydd-gyfieithu'r adnod: "Efallai i Onesimus gael ei wahanu oddi wrthyt dros dro fel pan ddychwelai atat byddet yn *llofnodi taleb* nid am gaethwas ond am frawd annwyl yn rhwymau'r Efengyl..." y mae cyfieithiad o'r fath yn gweddu gan fod adnodau 18 a 19 hefyd yn sôn am dalu a setlo hen gownt.

Ond beth am Marc 14:41? Os derbyniwn oleuni'r papurfrwyn

a ffafrio cyfieithiad gwaelod y ddalen *C.P.C.* a'r *B.C.N.*, yr ystyr yw fod yr Iesu, ar yr awr honno yng ngardd Gethsemane, wedi sylweddoli fod Jwdas eisoes wedi derbyn y tâl a addawyd iddo gan y prif offeiriaid (14:10-11). Talwyd Jwdas yn llawn am ei anfadwaith a dyna'r unig elw a gawsai am ei weithred anfad. Er hynny, maes o law ym mhwrpas Duw, troes bargen wael Jwdas yn elw i ddynolryw.

TANGNEFEDD UWCHLAW POB DEALL - EIRÊNÊ

Y mae gennyf gyfaill sy'n gorffen pob llythyr o'i eiddo gyda'r gair Hebraeg "shalôm", tra bod Arab sy'n gwneud ymchwil yn y Brifysgol yma yng Nghaerdydd yn cyfarch pawb o'i gydnabod â'r gair "salaam". *Heddwch* yw ystyr y naill air fel y llall; er hynny nid rhywbeth negyddol yw'r heddwch a ddymunir, ond rhywbeth positif. Yn wir, yn ei lyfr bychan, *The Greatest Old Testament Words*, y mae'r Athro Edgar Jones yn rhoi'r penawd *"Positive Peace"* gyferbyn â'r gair "shalôm" ac yn dweud fod a wnelo'r gair â chyfanrwydd. Cyfannu a wna proses heddwch ac nid dileu - hynny yw, *cyfannu perthynas*, nid yn gymaint *dileu gelyniaeth*. Fel cyfarchiad, nid dymuno bywyd yn rhydd o drafferthion a therfysg a wna "shalôm" a "salaam", ond yn hytrach dymuno bywyd yn llawn o'r daioni a'r bendithion hynny sy'n gwneud bywyd yn gyflawn.

EIRÊNÊ yw'r gair Groeg am "shalôm" a "salaam". Y mae i'w weld 91 gwaith yn y Testament Newydd ac ymddengys ym mhob un o lyfrau'r Testament Newydd, ag eithrio Epistol Cyntaf Ioan. Y mae'r Gymraeg yn ffodus o ddau air i'w gyfieithu, sef *heddwch* a *tangnefedd*, sy'n gyfuniad o'r ddau hen air, *tanc* (heddwch) a *nefedd* (ffurf arall o'r gair "nefoedd"). Gellir dadlau, felly, fod y gair *tangnefedd* yn air diwinyddol, Cristnogol, positif, sy'n dwyn y nefoedd i mewn i'r ystyriaeth o'r hyn yw EIRÊNÊ. Y mae'n cyfateb i "shalôm" a "salaam" gan olygu rhywbeth amgenach na *heddwch* - y gair a arferir gennym yn fynych am *"absenoldeb* rhyfel a chynnen a therfysg". Yn wir, yr ydym yn aml yn rhyfygu drwy alw'n "heddwch" yr hyn a enillwyd drwy drais, oherwydd fel y dywed John Penry Jones:

Taenu trais ar drais yn drwch
Yw lladd i ennill heddwch.

Ar adegau, fodd bynnag, dichon mai *heddwch* yw'r trosiad gorau o EIRÊNÊ yn y Testament Newydd. Er enghraifft, "telerau heddwch" a gais llysgenhadon (Luc 14:32) ac onid "heddwch" - yn hytrach na therfysg ac anhrefn - sy'n gweddu yn yr eglwysi (1 Cor 14:33)? Ar yr un pryd, os daeth yr Arglwydd gan ddwyn cleddyf, nid i "heddwch" y daeth (Mat. 10:34), er bod Cristnogion i geisio'r pethau sy'n arwain at "heddwch" ac yn adeiladu perthynas gadarn â'i gilydd

(Rhuf. 14:19).

Ond *tangnefedd*, y gair cyfoethocach, positif, sy'n cyfleu orau yr hyn oedd ym meddwl awduron y Testament Newydd gan fwyaf.

Fel cyfarchiad y gwelir y gair EIRÊNÊ amlaf yn y Testament Newydd. Ymddengys yng nghwmni CHARIS (*gras*) dros ddwsin o weithiau, ac mae ei weld yng nghwmni'r gair hwnnw yn ein hatgoffa ei fod yn cynrychioli rhywbeth sy'n rhodd oddi wrth Dduw. Nid trwy ymdrech yr enillir gras nac EIRÊNÊ ond trwy eu derbyn yn rhodd gan y Duw a elwir chwe gwaith yn "Dduw'r heddwch" (Duw EIRÊNÊ). Duw yn unig all wneud bywyd yn gyflawn ac Ef, felly, yw ffynhonnell tangnefedd. Wrth gydweithio ag Ef yn unig y mae dyn yn derbyn tangnefedd.

Ond os mai Duw yw'r ffynhonnell, Crist yw'r cyfryngwr. Ef, Tywysog tangnefedd, "yw ein heddwch ni" (Eff. 2:14) oherwydd ei fod yn cyfannu'r berthynas rhwng dyn â Duw a gwneud tangnefedd yn bosibl. Yn wir, gallodd ddweud wrth ei ddisgyblion:

> Yr wyf yn gadael i chwi dangnefedd; yr wyf yn rhoi i chwi fy nhangnefedd i fy hun. Nid fel y mae'r byd yn rhoi yr wyf fi yn rhoi i chwi. Peidiwch â gadael i ddim gynhyrfu'ch calon, a pheidiwch ag ofni (Ioan 14:27).

Ac meddai Paul:

> Am hynny, oherwydd ein bod wedi ein cyfiawnhau drwy ffydd, y mae gennym feddiant ar heddwch â Duw trwy ein Harglwydd Iesu Grist (Rhuf. 5:1).

Ni all dyn, felly, ennill na chreu tangnefedd; dim ond ei dderbyn yng Nghrist. Er hynny, wedi i Gristnogion dderbyn tangnefedd Duw, dywed y Bregeth ar y Mynydd fod disgwyl iddynt fod yn "dangnefedd-weithredwyr" (dyna'r cyfieithiad llythrennol – *"peace*-makers" yn Saesneg) ac yna cânt eu galw'n blant i Dduw. Golyga bod yn "dangnefedd-weithredwyr" fwy na bod yn *rhai sy'n cymodi* (cyfieithiad Islwyn Ffowc Elis yn *Efengyl Mathew*); golyga weithio i adfer y cyfanrwydd i fywydau pobl eraill hefyd - a'r wobr fydd, cael ein hadnabod yn blant i'n Tad (h.y., gwêl dynion ein bod union yr un fath â'n Tad Nefol!).

Yr oedd awduron yr Hen Fyd yn sôn llawer am werth tangnefedd ac am yr ymchwil amdano, eithr dengys y Testament Newydd ei fod yn dod fel canlyniad i ymchwil Duw am ddyn - ond

nid yw damaid llai ei werth oherwydd hynny. Yn wir, i'r emynydd di-
enw, yr oedd uwchlaw pob pris:

> Pe cawn y ddaear gron
> A'i holl bleserau hi,
> Mae heddwch Duw o dan fy mron
> Yn ganmil gwell i mi.

TESTAMENT EIN TAD – DIATHÊKÊ

Y mae'r gair DIATHÊKÊ (a gyfieithir fel *Testament* yn nheitl ein hysgrythurau) yn ymddangos 33 gwaith o fewn i gloriau'r Testament Newydd. Bodlona'r *Authorized Version* Saesneg ar ddau air ("*covenant*" a "*testament*") i'w drosi ond mynnodd yr hen gyfieithiad Cymraeg arfer tri gair, sef, *testament, cyfamod* ac *amod*. Ond diddorol yw nodi, lle mae'r hen gyfiethiad yn dilyn William Salesbury ac yn ffafrio rhoi'r gair *testament* ar wefusau'r Iesu pan oedd yn ordeinio'r Cymun, y mae'r *Beibl Cymraeg Newydd* yn dewis *cyfamod*. Yn hyn o beth y mae'r cyfieithiad diweddaraf yn dilyn cyfieithiad William Edwards, a ddadleuodd yn 1894 mai "*cyfammod* [yw] unig ystyr y gair yn yr Hen Destament [h.y. y Septwagint] a'r Newydd", ac yn wahanol i'r cyfieithwyr eraill mynnodd ef roi *cyfammod* am DIATHÊKÊ bob tro y daeth ar ei draws - gydag un eithriad y cyfeirir ato isod. Gair tra gwahanol a geir yn nhrosiad John Williams, *Yr Oraclau Bywiol (1842)*, o hanes y Swper Olaf:

> Yfwch bawb o hwn; canys hwn yw fy ngwaed, gwaed y *sefydliad* newydd, tywalltedig dros lawer èr maddeuant pechodau (Mat. 26:27-8).

> Y cwpan hwn yw y *sefydliad* newydd yn fy ngwaed (1 Cor. 11:25).

Er hynny, nid yng nghysylltiadau'r Cymun yn unig yr ymddengys DIATHÊKÊ ac fel y mae'r hen gyfieithiad yn teimlo reidrwydd weithiau i chwilio am drosiad amgenach na *testament*, felly y mae'r *B.C.N.* yn credu fod modd rhagori ar *cyfamod* ar adegau.

Dichon mai'r adnod sy'n taflu mwyaf o oleuni ar DIATHÊKÊ (ac ar grefft y cyfieithydd) yw Gal. 3:15:

> Y brodyr, dywedyd yr wyf ar wedd ddynol, cyd na byddo ond *ammod* dyn, wedi y cadarnhauir, ni ddirymma neb ef ac ni ddyry ddim wrtho (Beibl William Morgan).

Amod hefyd a geir yn Nhestament 1567 a Beibl 1620, er mai "*ambod*" yw'r gair yn orgraff rhyfedd Salesbury.

> Frodyr, dywedyd yr wyf àr wedd ddynol: nid yw neb yn dirymu neu yn newid pe byddai ond *Ewyllys* dyn wedi y cadarnhâer ef (*Oraclau Bywiol*).

> Frodyr, yn ol *dull* dynion yr wyf yn dywedyd: Er na byddo ond

cyfammod dyn, wedi ei gadarnhau, nid yw neb yn ei ddirymmu neu yn ychwanegu atto (William Edwards).

Frodyr, i gymryd enghraifft o fyd dynion, pan fydd *ewyllys* dyn, sef *ei gyfamod olaf*, wedi ei gadarnhau, ni chaiff neb ei dirymu nac ychwanegu ati *(B.C.N.)*.

Y mae'r *Oraclau* a'r *B.C.N.* yn y cyswllt hwn yn arfer *ewyllys* am DIATHÊKÊ, ond rhag i'r darllennydd fethu â sylweddoli mai cyfeirio a wneir yma at *ewyllys gyfreithiol* [yr ewyllys *hon*] ac nid crybwyll un o gyneddfau dyn [yr ewyllys *hwn*], y mae'r *B.C.N.* yn ychwanegu esboniad nad yw i'w weld yn y testun Groeg, "sef ei gyfamod olaf". *Ewyllys gyfreithiol* yw DIATHÊKÊ yn ôl deffiniad *Geiriadur Charles* o'r gair hefyd:

> *gosodiad, trefniad, llythyr cymun, ewyllys diweddaf un, cyfammod NEU drefniad testamentaidd, NEU rhoddiad o ryw bethau wrth ewyllys gan un wrth farw.*

Y mae blas cyfreithiol, felly, ar y gair DIATHÊKÊ ac y mae *ewyllys* (yn yr ystyr gyfreithiol) yn gweddu'n well na'r gair "cyfamod" wrth ei drosi, gan nad gweithred unochrog yw cyfamodi. Cytundeb rhwng dau yw cyfamod; ond haelioni un tuag at arall a arddangosir pan wneir ewyllys. Gwir fod y Septwagint, y cyfieithiad Groeg o'r Ysgrythurau Hebraeg, wedi arfer DIATHÊKÊ am gytundebau'r Hen Destament rhwng Duw ac Israel, ond er i Dduw fod yn ffyddlon i'r cytundebau hynny, methodd Israel yn llwyr â chadw'r un ohonynt. Dyna paham yr oedd angen rhywbeth amgenach na chytundeb ac mae'r "ail gyfamod" (Heb. 8:7), y sonia'r Testament Newydd amdano, yn "newydd" (Heb. 9:15) ac yn "rhagorach" (Heb. 7:22) na dim a aeth o'i flaen. Yr hyn a'i gwna'n "newydd" ac yn "rhagorach" yw bod Duw'n dewis gweithredu ohono'i hun – "Heb ofyn dim i mi", chwedl Williams Pantycelyn.

Cryfheir y syniad o DIATHÊKÊ fel *ewyllys gyfreithiol* gan Hebreaid 9:15-22, lle y dywedir fod yn rhaid i'r un a wnaeth yr ewyllys farw cyn y daw ei ddarpariaeth i rym. Gorfodir hyd yn oed William Edwards i roi *cymun-rodd* fel trosiad o'r gair yn adnod 16; er hynny, ceisiodd ddadlau mai *cyfammod* sydd orau pan sonnir am drefniant yn ymwneud â "pherthynas personau" tra bod "*testament* neu *gymun-rodd*" yn gweddu gyda golwg ar feddiannau. Ond gwell fyddai arfer *cyfamod* am gytundebau methiannus y gorffennol, gan gadw *testament*, *cymynrodd* neu *ewyllys* ar gyfer gweithred rasol, unochrog Duw-yng-Nghrist dros bechaduriaid.

Yn *Rhamant Rhydwilym* adroddir stori am ryw wraig dduwiol o ochrau Caerfyrddin yn cerdded yr holl ffordd i Gwm Cleddau, er mwyn cael cymundeb gyda'r saint yno. Roedd hi'n ddyddiau o erlid blin ar Anghydffurfwyr a chyfarfu â chwnstabl ar groesffordd Tŷ-coch. Gofynnodd yntau, "Beth yw eich busnes y ffordd hon?"

"Y mae fy Mrawd Hynaf wedi marw," atebodd hithau, "ac yr wyf yn mynd i hawlio fy rhan o'r etifeddiaeth!"

O dan amodau'r Ewyllys a'r Testament dwyfol, y mae i ni Etifeddiaeth dragwyddol, er mai

Plant ydym eto dan ein hoed
Yn disgwyl am y stad;
Mae'r etifeddiaeth inni'n dod
Wrth destament ein Tad.

(Dafydd Jones, Caeo)

TONIC! – PARÊGORIA

Nid ymddengys y gair PARÊGORIA ond unwaith yn y Testament Newydd Groeg. Paul sy'n ei ddefnyddio yn Colosiaid 4:11 wrth sôn am y credinwyr Iddewig oedd yn ei gynorthwyo. Eu henwau hwy oedd: Aristarchus ("fy nghyd-garcharor"), Marc ("cefnder Barnabas" yn ôl y cyfieithiadau diweddar, er bod yr hen gyfieithiad yn egluro ei fod yn "nai Barnabas, fab ei chwaer") a Jesws ("a elwir Jwstus"). Yn ôl y mwyafrif o'r cyfieithiadau Cymraeg, yr hyn a ddywed Paul amdanynt yw i'r tri fod yn *gysur* (PANÊGORIA) iddo – *diddanwch* yn ôl cyfieithiad Salesbury.

Ond y mae'r ffaith fod yr Apostol yn defnyddio gair Groeg sy'n wahanol i'r arfer yn awgrymu fod y cysur y cyfeirir ato yn wahanol i'r cysuron eraill y cyfeirir atynt yng ngweddill y Testament Newydd.

Awgryma William Edwards yn y *Cyfieithiad Newydd o'r Testament Newydd...*III (1913) mai *cyngor* ac *anogaeth* oedd ystyron gwreiddiol y gair, "yna dyddanwch, cysur (mewn galar, etc.)". Dyna, yn wir, yw *rhai* o ystyron PARÊGORIA mewn Groeg clasurol, eithr y mae gwedd arall i'r gair gan ei fod hefyd yn air meddygol. Sylwa W. E. Vine (*Expository Dictionary of New Testament Words*) bod un ffurf ar y gair yn cael ei ddefnyddio am foddion (ffisig) sy'n esmwytho a lleddfu poen. Y mae gair Saesneg ar gael (sef "paregoric") sy'n dod o'r gair Groeg dan sylw a dywedir mai ei ystyr yw: "camphorated tincture of opium flavoured with aniseed and benzoic acid" (*Concise Oxford Dictionary*).

Nid yw *cysur* yn drosiad sydd o angenrheidrwydd yn awgrymu'r wedd feddygol sy'n perthyn i PANÊGORIA. Yn *Exploring the New Testament* (1971) awgrymodd A. M. Hunter *tonic* fel trosiad sy'n cadw'r cysylltiad meddygol ac yn cyflwyno i'r dim beth oedd ym meddwl Paul. Awgrymodd, ymhellach, y gallai Paul fod wedi dysgu'r gair yn y lle cyntaf wrth siarad â'r Dr Luc!

Aristarchus ... Marc ... Jesws ... Dyma'r unig gredinwyr Iddewig sy'n cydweithio â mi dros deyrnas Dduw; a buont yn *donic* mawr i mi.

O gofio fod Actau 4:36 yn dweud fod yr Apostolion wedi cyfenwi Joseff yn "Barnabas", sef "mab Diddanwch" (Salesbury), "mab Anogaeth" (*Cyfieithiad Prifysgol Cymru, B.C.N.*), mae'n amlwg nad dibris yn yr Eglwys Fore oedd y bobl hynny a oedd yn *donic*, neu'n falm i enaid eu cyd-Cristnogion.

TOSTURIO – SPLAGCHNIDZESTHAI

Yn y Testament Newydd Groeg fe welir y gair lluosog SPLAGCHNA rhyw ddwsin o weithiau. Ei ystyr yw *ymysgaroedd*, *coluddion*, *perfedd*, neu, fel y dywedodd William Barclay: *"the nobler viscera, that is, the heart, the lungs, the liver and the intestines"*. Fodd bynnag, nid yw'r gair i'w ddeall yn llythrennol ond *unwaith* yn y Testament Newydd, a hynny yn Actau 1:18:-

> Fe brynodd [Jwdas] faes â'r tâl am ei ddrygwaith, ac wedi syrthio ar ei wyneb byrstiodd yn ei ganol, a llifodd ei holl *ymysgaroedd* allan (*B.C.N.*).

Fel arfer, ceidw'r hen gyfieithiadau y gair *ymysgaroedd* wrth drosi SPLAGCHNA, er bod y cyfieithwyr yn ymwybodol o'r ffaith fod y Groegiaid yn ystyried yr ymysgaroedd yn drigfa i'r nwydau mwyaf gwyllt, tra bod yr Hebreaid yn credu eu bod yn gartref y teimladau mwyaf tyner a dwys. Ystyr ffigurol, felly, sydd i'r gair yn y Testament Newydd, er bod Beibl Parry (1620) yn rhoi trosiad llythrennol o Philipiaid 1:8:-

> Canys Duw sydd dyst i mi mor hiraethus wyf amdanoch oll yn *ymysgaroedd* Crist.

Rhydd-gyfieithiad Salesbury (1567) o'r cymal olaf hwn yn Philipiaid 1:8 oedd "*o eigiawn ve-calon*". Cymwynas y cyfieithiadau diweddar yw iddynt ddilyn esiampl Salesbury, a chyfieithu meddwl awduron y Testament Newydd yn hytrach na'u geiriau yn unig.

[Diddorol nodi fod Beibl Parry (1620) yn aml yn glynu wrth y patrwm a welir yn y Cyfieithiad Awdurdodedig Saesneg (1611), lle, er enghraifft, cyfieithir ymadrodd Paul yn y Philipiaid: "*in the bowels of Jesus Christ*". A phan dyngai Oliver Cromwell lw, gwnâi hynny yn ysgrythurol, "*by the bowels of Crist*"!]

Gwelir y ffyrdd gwahanol y troswyd y gair SPLAGCHNA i'r Gymraeg wrth gymharu'r cyfieithiadau o Epistol Paul i Philemon, lle'r ymddengys dair gwaith. "*Bowels*" yw trosiad yr A.V. o'r gair bob tro – ac mae Parry yn ei ddilyn, tra bod cyfieithiadau mwy diweddar yn chwilio am ffyrdd eraill o fynegi'r hyn oedd ym meddwl yr Apostol.

Adnod 7:-

Canys y mae gennym lawer o lawenydd a diddanwch yn dy gariad di, herwydd bod *ymysgaroedd* y saint wedi eu llonni trwot ti, frawd (1620);

... herwydd bod *eneidiau* y saint yn cael en (sic) llòni gennyt ti, frawd (*Oraclau Bywiol*, 1842);

... oherwydd i *galonnau* y saint gael eu hadlonni trwot ti, frawd (William Edwards, 1913);

... gan fod *calonnau* y saint wedi eu llonni trwot ti, frawd (*B.C.N.*, 1975).

Adnod 12:-
... a derbyn dithau ef, yr hwn yw fy *ymysgaroedd* (1620);

... derbyn dithau ef, gan hyny, fel gwrthddrych fy *serch gwresocaf* (*Oraclau Bywiol*);

... yr hwn a ddanfonais yn ôl atat ... fy *nghalon* fy hun (William Edwards);

Yr wyf yn ei anfon yn ôl atat, ac yntau bellach *yn rhan ohonof fi* (*B.C.N.*).

Adnod 20:-
... llonna fy *ymysgaroedd* i yn yr Arglwydd (1620);

... boddâa fy *serchiadau gwresog* er mwyn Crist (*Oraclau Bywiol*);

... adlonna fy *nghalon* yng Nghrist (William Edwards);

... llonna fy *nghalon* i yng Nghrist (*B.C.N.*).

Perthyn y gair SPLAGCHNA a'i gysylltiadau ffigurol i fyd Groeg Clasurol, ond yn ddiweddarach ffurfiwyd berf allan ohono sef SPLAGCHNIDZESTHAI. Ei ystyr yw *teimlo rhywbeth i'r dyfnderoedd, cael ein cyffwrdd i'r byw*, hynny yw, *tosturio*.

Digwydd y ferf hon ddeuddeg gwaith yn y Testament Newydd Groeg, eithr ym Mathew, Marc a Luc yn unig. Naw gwaith fe'i defnyddir mewn perthynas ag ymateb yr Iesu i'r dyrfa neu'r unigolyn a safai o'i flaen; ond teirgwaith, y mae'r gair ar wefusau yr Iesu ei hun: (i.) wrth iddo ddisgrifio tosturi meistr tuag at ei was (Mathew 18:33); (ii.) am dosturi'r Samariad trugarog tuag at yr Iddew (Luc 10:33); a (iii.) wrth sôn am y tad yn tosturio wrth y mab afradlon (Luc

15:20).

Wrth drafod ffurf arall ar y gair SPLAGCHNA (sef EUSPLAGCHNOS, a welir ddwywaith yn y Testament Newydd Groeg) y mae *Geiriadur Charles* yn dweud ei fod yn air sy'n perthyn i'r natur ddynol ac yn ymwneud â'r teimladau mwyaf bywiog a thyner y gall y natur ddynol yn neb eu profi a'u gweithredu. Gair yn perthyn i'r natur ddynol yw SPLAGCHNIDZESTHAI hefyd, ac mae ei gysylltu mor bendant â'r Arglwydd Iesu yn tanlinellu ei ddyndod, ac yn cadarnhau gweledigaeth Ann Griffiths o'r Crist:

O! f'enaid, gwêl addasrwydd
Y Person rhyfedd hwn ...
Mae'n ddyn i gydymdeimlo
Â'th holl wendidau i gyd;
Mae'n Dduw i gario'r orsedd
Ar ddiafol, cnawd a byd.

TRAMGWYDD – SKANDALON

Geiriau o fyd yr heliwr yw'n enw SKANDALON a'r ferf SKANDALIZEIN sy'n ymddangos rhyngddynt 45 o weithiau yn y Testament Newydd. Er bod y gair "sgandal" yn tarddu o'r geiriau Groeg hyn, *rhwystr* a *tramgwydd* yw'r trosiad arferol yn y Beibl Cymraeg.

Yn wreiddiol, y SKANDALON oedd y rhan o'r trap y byddai'r trapiwr yn clymu'r abwyd wrthi; neu, yng ngeiriau William Edwards, "y pren a ddaliai yr hud yn y fagl". Ymhen amser, daeth y gair i olygu'r trap ei hun, tra bod cyfieithwyr y Septwagint yn ei arfer hefyd am achosi cwymp; e.e. "... na ddod *dramgwydd* (Hebraeg *michshôl*, Groeg SKANDALON) o flaen y dall" (Lefiticus 19:14).

Yn nefnydd y Testament Newydd o'r gair, felly, y mae un neu fwy o dair elfen yn dod i'r golwg:

1. Weithiau ceir awgrym o dwyll ac o ddenu i ddistryw.
Yr elfen o ddenu twyllodrus a awgrymir gan y gair yn Rhufeiniaid 11:9, ac fe'i gwelir hefyd yng nghyfieithiad Islwyn Ffowc Elis o Mathew 5:29-30:

> Os yw dy lygad de'n dy *arwain-di ar gyfeiliorn* (SKANDALIZEI), tynn-o allan ... Os yw dy law dde'n dy *arwain-di ar gyfeiriorn*, torr-hi i ffwrdd...

2. Dro arall y mae awgrym o ddigwyddiad sydyn, annisgwyl yn llorio dyn.
Sydynrwydd y digwyddiad sy'n taro'r darllenydd yn Mathew 13:21, lle dywedir am y planhigyn di-wreiddyn: "fe gwymp ar unwaith" (*B.C.N.*); cymharer, "yn y van y rhwystrir ef" (Salesbury).

3. Dro wedyn ceir awgrym o lithriad a chodwm.
Rhybuddiodd yr Iesu y deuai diwedd echrydus i "pwy bynnag â faglo un o'r rhai bychain hyn â gredant ynof fi" (Mathew 18:6, *Oraclau Bywiol*), tra bod Ioan yn tystio am yr hwn sy'n caru ei frawd ac yn aros yn y goleuni, "nyd oes achos cwymp ynthaw" (1 Ioan 2:10, Salesbury). Codwm oedd yn sicr o ddigwydd ym Mhergamus yn ôl y

Llyfr Datguddiad am fod rhai yno yn dal "y vwrw plocyn tramcwyddys gar bron meibion yr Israel", sef athrawiaeth Balaam a ganiatâi "vwytta or pethey y aberthwyd u ddelwey, a godineby" (Datguddiad 2:14, Salesbury).

Anogaeth gyson yr Ysgrythur yw y dylai'r Cristion wneud ei orau i beidio â bod yn SKANDALON i eraill, a cheir adrannau yn epistolau Paul lle tanlinellir y wers hon (Rhufeiniaid 14:13-23; 1 Corinthiaid 8:1-13). Ac eto, yr eironi yw fod yr Efengyl, a'r Crist ei hun, yn gallu bod yn SKANDALON i lawer.

Sylweddolodd y Disgyblion fod geiriau'r Iesu yn rhwystro a thramgwyddo'r Phariseaid (Mathew 15:12) tra'u bod hwy eu hunain wedi cael cwymp oherwydd yr hyn a ddigwyddodd i'r Iesu (Mathew 26:31, *B.C.N.*). Gwyddai Paul yn dda fod y Groes yn dramgwydd i'r Iddewon (1 Cor. 1:23, cymh. Galatiaid 5:11) a chydnabu Pedr fod Crist yn faen tramgwydd i lawer (1 Pedr 2:8, cymh. Rhuf. 9:33). Nid rhyfedd felly fod Mathew (11:6) a Luc (7:23) yn cofnodi geiriau'r Arglwydd ei hun: "... a dedwydd yw y sawl na byddaf yn dramgwyddfa iddo" (*Oraclau Bywiol*).

TU HWNT I EIRIAU - ANEKDIEGETOS, ARRETOS, ANEKLALETOS

Cofiaf ddarllen yn rhywle mai "rhif pwyslais" oedd *tri* i'r Iddew. Dyna pam y dywedodd yr Arglwydd am Jerwsalem: "Dymchwelaf, dymchwelaf, dymchwelaf hi" (Eseciel 21:27) - yr ailadrodd deirgwaith er mwyn pwysleisio'r neges a'i yrru adref. Tybed a oes a wnelo hynny rhywbeth â thri phen i bregeth? Efallai nad oes; ond beth bynnag sydd y tu ôl i'r arfer, rhaid imi gyfaddef fy mod i'n hoffi tri phwynt mewn pregeth - a hynny pa un ai gwrando, ai traethu, y byddaf. Wedi meddwl, mae'r Cymro fel pe'n hoffi'r hyn a ddaw mewn trioedd. "Tri chynnig i Gymro", meddai'r hen air, ac mae'n hawdd dwyn i gof llu o gyfeiriadau Cymraeg o bob math lle mae'r rhif *tri* yn chwarae rhan bwysig. Yn eu plith dichon mai'r mwyaf difyr yw'r "Trioedd" eu hunain - rhai ohonynt a chanddynt neges digon difrifol, megis

> Tri pheth ni châr un Cristion
> Yw dadwrdd haid o feddwon,
> Gweld offeiriad ma's o'i go,
> A byw lle bo cybyddion

neu

> Tri pheth sy'n gas ac anfad -
> Cael ddrwg am dda'n lle taliad,
> Colli parch heb wybod pam,
> A goddef camgyhuddiad.

Cyhoedda'r Testament Newydd fod tri pheth sy'n drech na dawn dyn i fedru "dweud yn iawn" amdanynt - *anhraethol* neu *anhraethadwy* yw'r gair a arferir gan y mwyafrif o gyfieithwyr Cymraeg am y tri..

Y cyntaf o'r rhain yw "rhodd" Duw (1 Cor. 9:15 - *B.C.N.*). Gwahaniaetha'r esbonwyr ynghylch pa rodd ddwyfol y soniai Paul amdani. Y mae'r mwyafrif yn dilyn Calfin a dadlau mai gras Duw oedd ganddo mewn golwg, tra bod ychydig yn glynu o hyd wrth ddehongliad Chrysostom mai trefn yr iachawdwriaeth, ac felly'r rhodd o'r Mab, oedd ym meddwl Paul. Dywedodd Matthew Henry yn gwbl hyderus : "Golyga Iesu Grist, sydd yn wir, yn rhodd anhraethol gan Dduw i'r byd".

Ond â'r *disgrifiad* o'r rhodd y mae a fynnom ni. ANEKDIEGETOS yw'r gair a fathodd Paul yn arbennig er mwyn ei ddisgrifio. Ei wreiddyn yw HEGEOMAI sy'n golygu *arwain* neu *fynd o flaen*; ond o ychwanegu'r arddodiad DIA- daw i olygu *dangos y ffordd drwy neu ddisgrifio.* Y mae'r arddodiad EK- yn cryfhau'r ystyr ymhellach, *dangos y ffordd drwy, gan dynnu allan* [*bopeth*], hynny yw, "*rhoi eglurhad a disgrifiad llawn a thrylwyr*". Elfen olaf y gair a fathodd Paul yw'r A(N)- negyddol, ac felly ystyr ANEKDIEGETOS yw *y tu hwnt i ddisgrifiad boddhaol. Antraethawl ddawn* oedd ymgais gyntaf William Salesbury i gyfieithu'r ymadrodd, gan gynnig ar ymyl y ddalen *anveidrol rodd.* Er dyddiau Salesbury dawn anhraethol neu anhraethadwy fu dewis y cyfieithwyr Cymraeg, ag eithrio William Edwards sy'n dewis *rodd annisgrifiadwy.*

Y mae rhodd Duw inni yn rhyfeddod sydd y tu hwnt i ddawn y gorau i'w ddarlunio'n deilwng.

Yr ail beth sy'n herio pob ymdrech i'w fynegi'n llawn yw'r profiad o Dduw. Dyna a ddywed Paul eto, wrth iddo adrodd am ei brofiad cyfriniol yn cael ei gipio i fyny "i'r drydedd nef" (2 Cor. 12:2). Yng ngwŷdd Duw "fe glywodd draethu'r anhraethadwy (ARRÊTA)" (*B.C.N.),* ond y mae'r hyn a glywodd gan Dduw yn fwy nag *andywedadwy* (Salesbury), geiriau ydynt "nad oes hawl gan ddyn i'w llefaru" (2 Cor. 12:4 - *B.C.N.*).

Gair a gysylltid â'r Dirgelion ac a welid yn gyffredin ar arysgrifau cysegredig oedd ARRÊTOS. Daw o'r un gwreiddyn â "rhethreg" sef "y gelfyddyd o ddefnyddio geiriau yn effeithiol" - ond cofier fod yr A- yn ei negyddu. Y mae'r Dirgelion, felly, yn herio ymdrechion rhethregwyr ac areithwyr i'w mynegi. Dweud y mae Paul, mewn gwirionedd, fod rhai profiadau yn rhy gysegredig i'w gwisgo mewn geiriau, hyd yn oed pe feddai dyn y ddawn i allu gwneud hynny. Y mae rhai profiadau ysbrydol yn rhy breifat a phersonol i ddyn fentro'u hadrodd. Taw piau hi ar adegau, hyd yn oed mewn perthynas â'n ffydd!

Y trydydd peth sy'n drech na dawn dynion i'w fynegi yw'r gorfoledd Cristnogol. Perthyn i'r credadun "lawenydd anhraethadwy" (1 Pedr 1:8 - *B.C.N.*) - "*ni ellir eu hymadrodd*" (Salesbury). ANEKLALETOS yw'r gair Groeg. Ystyr LALÊO yw "*siaradaf*" ond gyda'r arddodiad EK- daw i olygu "*siarad allan, dadlennu*", gyda'r A(N)- unwaith eto yn negyddu'r cwbwl. Ergyd Pedr yw fod geiriau yn gwbl annigonol i esbonio i'r pagan y llawenydd ym mywyd

Cristnogion a oedd "dros dro dan amrywiol brofedigaethau" (1 Pedr 1:6 - *B.C.N.*). Roedd gorfoledd y merthyron y tu hwnt i ddirnadaeth y sawl a oedd yn eu herlid, a geiriau'n methu egluro'r peth; ac eto, os oedd yn drech na geiriau, roedd yn ffenomenon gweladwy ac anwadadwy.

Rhan o baradocs Cristnogaeth yw bod Duw wedi gweld yn dda i achub y rhai sydd yn credu "trwy ffolineb pregethu" (1 Cor. 1:21); ond pa mor huawdl bynnag yw'r pregethwr nid all wneud cyfiawnder â'i dasg. Ni all ddweud yn *iawn* na dweud yn *llawn* am ei ffydd:

> Tri pheth sy'n drech na geirie:
> Haelioni Duw y duwie,
> Gorfoledd gwasanaethu'r O'n,
> A sôn am ddwys brofiade.

TŶ A THEULU - OIKOS

O dan y pennawd "TEULU-AIDD-OEDD" dywed Thomas Charles yn y *Geiriadur Ysgrythyrol:*

"Teulu Duw" yw ei bobl; y rhai o fod yn estroniaid, dyeithriaid, a dyfodiaid, a gasglwyd yn nghyd, a wnawd yn agos, ac a ymunwyd yn un teulu i fod dan lywodraeth, ac yng ngofal Duw. Braint annhraethol!

Awgryma fod y gair "teulu" yn tarddu o "tau-lu" ac mewn rhan arall o'r *Geiriadur* dywed mai rhagenw meddiannol yw "tau", yn gyfystyr â "yr eiddot ti". Yn ôl Charles, felly, *dy liaws, dy dyrfa, dy fyddin di* yw ystyr "teulu".

Gwelir yr ymadrodd "teulu Duw" yn Effesiaid 2:19:

Felly, nid estroniaid a dieithriaid ydych mwyach, ond cyd-ddinasyddion â'r saint ac aelodau o deulu Duw (*B.C.N.*).

Y gair am *deulu* yn yr adnod hon (a dwy adnod arall yn y Testament Newydd, sef Gal. 6:10 a 1 Tim. 5:8) yw OIKEIOI, lluosog yr ansoddair OIKEIOS - gair a ffurfiwyd o OIKOS, "tŷ". Ymddengys y gair OIKOS ei hun 109 gwaith yn y Testament Newydd ac er mai "tŷ" yw ei ystyr arferol, y mae weithiau'n cael ei drosi â'r gair "teulu" (fel yn yr hen gyfieithiad Cymraeg o Phil. 4:22, "y rhai sydd o *deulu* Cesar").

Gwir ystyr OIKEIOI yw *yn perthyn i dŷ;* ond fel enw y defnyddia'r Testament Newydd yr ansoddair hwn bob tro, a'r trosiad arferol ohono yw "teulu", sef *y bobl sy'n perthyn i'r un tŷ* neu "*tŷ-lwyth"* (sef *tylwyth,* yn ôl Thomas Charles). Oherwydd hyn, y mae deffiniad y Beibl o *deulu* yn llawer lletach na'n deffiniad ni. Nid perthynas trwy waed oedd yn gwneud teulu ond trigo o dan yr un to. Ystyrid fod pawb a oedd yn aros o dan yr un to yn perthyn i'r teulu, a golygai hyn fod hyd yn oed caethwas yn aelod o'r teulu! Ymhellach, yr oedd y penteulu yn yr hen fyd yn bwysig gan ei fod yn gyfrifol am *bawb* a oedd yn byw o dan ei gronglwyd; a thra'n aros dan ei gronglwyd, yr oedd pawb yn atebol i'r penteulu ac o dan ei awdurdod. Gwelir, felly, nad peth meddal, sentimental, ydyw cydnabod Duw yn benteulu drwy ei alw'n Dad - er inni ddilyn esiampl Iesu a defnyddio gair plentyn bach ar yr aelwyd a'i alw'n "Abba, Dad". Wrth ganiatáu mai Duw yw'r penteulu, yr ydym o angenrheidrwydd yn ein rhoi ein hunain o dan ei nawdd, ac ar yr un pryd yn cydnabod ei awdurdod drosom.

Awgryma hyn i gyd dri pheth am yr ymadrodd "teulu Duw":

Yn gyntaf, **mai term eang iawn yw'r ymadrodd a welir yn yr Epistol at yr Effesiaid** - term cynhwysol (*inclusive*) yn hytrach na therm anghynhwysol (*exclusive*) ydyw. Mae teulu Duw yn un mawr iawn ac yn cynnwys llawer o bobl na fyddem ni yn eu hadnabod fel tylwyth iddo. Y mae hyn yn cyd-fynd â beth a ddywedodd Iesu ei hun mewn ateb i gwestiwn a ofynnodd un tro, sef "Pwy yw fy mam, a phwy yw fy mrodyr?"

A chan estyn ei law at ei ddisgyblion dywedodd, "Dyma fy mam a'm brodyr i. Oherwydd pwy bynnag sy'n gwneud ewyllys fy Nhad, yr hwn sydd yn y nefoedd, y mae hwnnw'n frawd i mi, ac yn chwaer, ac yn fam" (Mathew 12:48-49).

Yn ail, **fod nawdd Duw dros aelodau ei deulu.**

Yn drydydd, **fod aelodau'r teulu yn gyfrifol i Dduw ac yn atebol iddo am eu hymddygiad a'u gweithredoedd.**

Onid y ddau beth olaf hyn sydd y tu ôl i'r addewid a welir dro ar ôl tro yn y Beibl, sef, "byddaf fi yn Dduw iddynt hwy a byddant hwythau yn bobl i mi".

Nid yw'n syndod fod Thomas Charles yn dweud am aelodau teulu Duw eu bod dan lywodraeth ac yng ngofal Duw ei hun.

Gair arall sy'n dal cysylltiad agos ag OIKOS yw'r ferf OIKEÔ, *ymgartrefaf, trigaf.* Rhangymeriad o'r ferf yn y modd goddefol yw OIKOUMENÊ ac fe roes inni'r gair "ecwmenaidd".

Defnyddid y gair OIKOUMENÊ gan y Groegiaid fel enw am *y byd gwâr lle'r oedd trwch y boblogaeth yn byw* (e.e. Luc 2:1 lle nodir i Gesar Awgwstus orchymyn "cofrestriad o'r holl *fyd trigianol*", (cyfieithiad William Edwards); Actau 17:6, lle dywedir, "y mae aflonyddwyr *yr Ymerodraeth* [h.y. y byd gwâr] wedi dod yma hefyd", *(B.C.N.).* Felly, *y byd lle mae dynion yn byw (the inhabited world)* yw ystyr y gair mewn pedair ar ddeg o'r pymtheg enghraifft ohono yn y Testament Newydd. Yr un eithriad yw Hebreaid 2:5 lle cysylltir OIKOUMENÊ â rhangymeriad berf sy'n golygu *rhywbeth sy'n siwr o ddod*, gan roi'r ymadrodd "y byd a ddaw" (sy'n ddarostyngedig i'r Crist).

Diau mai yn y byd presennol y dymunir gweld y mudiad

ecwmenaidd yn llwyddo, ond ni ddylid digalonni at arafwch y llwyddiant gan fod sicrwydd fod byd yn dod lle gwelir pob peth yn ddarostyngedig i'r Crist a'i ewyllys ef yn cael ei gyflawni.

Wrth feddwl am y penteulu yng nghyfnod y Testament Newydd, dylid cofio fod Alistaire Campbell yn ei lyfr *The Elders: Seniority within Earliest Christianity* (1994) yn dangos mai ef *neu hi* (oherwydd gallai gwraig fod yn benteulu) a lywiai'r cyfarfodydd pan gyfarfu'r eglwys yng nghartref rhywun. Ei ddadl yw mai'r penteulu oedd yr EPISKOPOS (*esgob, arolygwr*) y cyfeirir ato mor aml. Gan mai yng nghartref Nymffa (gwraig) y cyfarfu un eglwys yn y Testament Newydd (Col. 4:15), yr oedd o leiaf un ferch yn esgob yn yr Eglwys Fore!

UFFERN - GEHENNA BOETH

"Y cyw a fegir yn uffern, yn uffern y myn fod," meddai'r hen ddihareb Gymraeg. Dihareb ryfedd, ond mae'r esboniad arni yn ddigon hawdd, meddai rhai, gan ddadlau mai sôn y mae'r dywediad am y cyw a fegir yn *y ffwrn* (neu yn ymyl y tân) mewn dyddiau pan nad oedd deorydd (*incubator*) yn bod. Yr unig beth sy'n gyffredin i "uffern" y ddihareb a'r syniad poblogaidd am uffern yw gwres!

Nid bod llawer o feddylwyr secwlar a chrefyddol modern yn cytuno â'r syniad cyffredin mai *lle* cynnes yw uffern. "Uffern yw pobl arall," meddai Jean-Paul Sartre, gyda Saunders Lewis yn dweud peth digon tebyg pan honnodd, "Lle mai dynion mae uffern." Ysgrifennodd John T. Robinson, Esgob Woolwich gynt: "*In a real sense the definition of heaven and hell is the same: being with God - for ever. For some that's heaven, for some it's hell; for most of us it's a bit of both!*" Nid annhebyg yw'r ddihareb Gymraeg sy'n dweud mai "uffern y cythraul yw'r nef"; na Williams o'r Wern pan ddywedodd: "Ni fyddai calon rasol yn annedwydd yn uffern, ac ni fyddai calon ddrwg yn ddedwydd yn y nefoedd." Wedyn honnodd C.S.Lewis, "*The moment Heaven ceases to mean union with God, and Hell to mean separation from Him, the belief in either becomes a mischievous superstition.*"

Ond pa oleuni sydd gan y Testament Newydd i daflu ar *uffern*?

Trosir y geiriau Groeg HADES a GEENNA gan y gair *uffern*. Ond os trown i'r Testament Groeg wedi inni ddarllen "... onid arbedodd Duw yr angylion a bechasant, eithr eu taflu hwynt i uffern..." (2 Pedr 2:4 *Y Beibl Cymraeg*), gwelwn mai berf wedi ei bathu o air arall am *uffern*, sef TARTAROS, a geir yno. Mae tri gair Groeg, felly, yn cael eu harfer yn y Testament Newydd am *uffern*. Cyfanswm y defnydd o'r tri gair hyn yw 24 gwaith.

Yn ôl Efengylau Mathew, Marc a Luc, GEENNA (neu "Gehenna", i ddefnyddio ffurf Aramaeg ein llyfrau emynau) yw gair yr Iesu am *uffern*. Ymddengys ddeuddeg gwaith yn y Testament Newydd, "ac ymhob un o honynt dynoda 'lle cospedigaeth'" (William Edwards). Fe'i ceir ar wefusau'r Arglwydd un ar ddeg o weithiau yn yr Efengylau Cyfolwg, a'r unig dro arall y'i gwelir yw yn Epistol Iago

3:6 (epistol a ysgrifennwyd gan frawd yr Arglwydd, yn ôl llawer). Ffordd y Groegwyr o ysgrifennu'r Hebraeg *ge-hinnom* ("dyffryn Hinnom") yw GEENNA a cheir digon o gyfeiriadau at y lle hwnnw yn yr Hen Destament, yn aml fel man cynnal defodau paganaidd - y mwyaf ofnadwy, fe ddichon, yn 2 Cronicl 28:4 lle dywedir am y brenin Ahas:

> Ac efe a arogl-darthodd yn nyffryn Ben-hinnom, ac a losgodd ei blant yn y tân, yn ôl ffieidd-dra y cenhedloedd a fwriasai yr Arglwydd allan o flaen meibion Israel.

Oherwydd hynny, roedd y lle yn atgas gan Iddewon uniongred.

Dyffryn gerllaw Jerwsalem oedd Dyffryn Hinnom, ac erbyn cyfnod yr Iesu credir mai yno y taflwyd sbwriel, budreddi a charthion y ddinas er mwyn eu llosgi. Yno hefyd, yn eu heidiau, casglai'r clêr a'r cynrhon – "y pryf nad yw yn marw" - ac, o'r herwydd, roedd y tanau yn llosgi heb eu diffodd, ddydd a nos. [Dywed R.S.Rogers yn *Y Geiriadur Beiblaidd* i'r enw gael ei newid yn ddiweddarach i *Wady en-Nâr*, sef "glyn y tân".] I ben tân tomen-sbwriel y ddinas y teflid cyrff anifeiliaid *a drwgweithredwyr* - ac mae'n syn meddwl mai dyna fyddai tynged corff yr Arglwydd ar ôl iddo gael ei groeshoelio pe bai Joseff o Arimathea heb ofyn i Beilat am ganiatâd i'w gladdu yn ei fedd ei hun.

Nid yw'n syndod, meddai William Edwards, i'r Arglwydd Iesu ddefnyddio GEENNA fel "arwyddlun byw o *uffern*".

Gwelir HADES (gair sy'n cyfateb i *sheol* yr Hen Destament) un ar ddeg o weithiau yn y Testament Newydd. Dadleua William Edwards mai ystyr y gair yw "yr hyn ni welir" ac eglura John Williams yn *Yr Oraclau Bywiol* beth yn union a ddeallir wrth HADES:

> Er mwyn eglurâu y gair *hades*, dylid sylwi fod *tri* chyflwr yn perthyn i ysbrydion dynol, y rhai sydd yn hollol wahanol i'w gilydd. Cyflwr *cyntaf* ysbrydion dynol sydd mewn undeb á chorff anifeiliol. Y mae y cyflwr hwn yn terfynu yn angeu. Yr *ail* gyflwr yw yr hwn ym mha un y mae ysbrydion dynol wedi eu hysgaru oddwrth eu cyrff anifeiliol. Y mae yn dechreu yn angeu, ac yn terfynu gydag atgyfodiad y corff. Dyma yr hyn á elwir *hades*.

Mae llawer o'r cyfieithwyr modern yn cytuno ag awgrym William Edwards y dylid cadw'r gair HADES wrth drosi'r Testament

Newydd i iaith arall, yn hytrach na cheisio'i gyfieithu. Nid yw'r *Beibl Cymraeg Newydd* yn dilyn y cyfarwyddyd hwn gan ei fod yn rhoi *uffern* fel trosiad yn Mathew 11:23 a Luc 10:15, ond *angau* a welir yn Mathew 16:18 gyda'r ymadrodd *Trigfan y Meirw* yn cael ei arfer fel trosiad ohono y troeon eraill (Luc 16:23; Actau 2:27 a 31; Datguddiad 1:18; 6:8; 20:13 a 14). A dyna'n union yw HADES, *Trigfan y Meirw*, heb arlliw o awgrym fod y meirw wedi eu barnu a'u condemnio ac yn cael eu poenydio.

Am y trydydd gair am *uffern* sy'n tarddu o'r enw TARTAROS, dywed William Edwards:

'Uffern' y Groegiaid oedd Tartarus. Taflodd Zeus y prif dduw Cronos a'r Titaniaid gwrthryfelgar i Tartarus. Yr oedd Petr yn gyfarwydd â Llyfr Enoch, yn yr hwn (xx.2) y defnyddir y gair. Ynddo Gehenna yw lle cosb yr Iddewon gwrthnysig, a Tartarus eiddo yr angylion syrthiedig. Yn chwedloniaeth Homer, Hades yw cartrefle y meirw, a *Tartarus yw yr enw a roddir i ranbarth tywyll islaw Hades.*

Wrth astudio'r gair am *uffern* yn y Testament Newydd, dichon mai'r syndod mwyaf yw cyn lleied o weithiau yr ymddengys (ni ddylid cyfrif HADES fel uffern) a chyn lleied o sylw sydd iddo! Ond wedi dweud hynny, ni ddylid anghofio fod y Beibl drwyddo yn sôn am ddigofaint Duw, a'r Testament Newydd yn rhybuddio'n gyson yn erbyn y canlyniadau echrydus sy'n dilyn cefnu ar Dduw.

Beth felly am safbwynt T.Glyn Thomas?

Byddaf yn meddwl mai agwedd ar gariad Duw yw ei ddigofaint. Y cariad sy'n llosgi i buro pechadur. Ac y mae'r fath buredigaeth yn golygu dioddefaint i'r hwn sy'n cael ei furo. Dyna paham y mae uffern yn ffaith mor real. Onid tân sy'n llosgi i buro yw tân uffern? (*Ar Ddechrau'r Dydd*, t. 83)

WEDI EI ARESTIO - KATELÊMPHTHÊN

Mae lle i gredu fod Paul yn hoffi chwarae ar eiriau wrth iddo ohebu â'r eglwysi a blannodd ar draws Asia Leiaf ac Ewrop, a dichon ei fod yn gwneud hynny wrth ysgrifennu at y Philipiaid pan yw'n sôn am "feddiannu'r peth hwnnw y cefais innau er ei fwyn fy meddiannu gan Grist Iesu" (*B.C.N.* Phil. 3:12).

Ffurf ar yr un ferf (sef KATALAMBANÔ) a welir y ddeudro am *feddiannu.* Y mae'n air y gellir ei drosi mewn amryw o ffyrdd gwahanol (e.e. *gafael, cydio, dal,* &c.) ond gan ei fod hefyd yn golygu *arestio,* dichon mai'r trosiad mwyaf trawiadol ohono ar ddiwedd adnod 12 fyddai: "er mwyn meddiannu'r peth hwnnw y cefais innau er ei fwyn fy *arestio* gan Grist Iesu!"

Byddai Cristnogion Philipi yn cofio'n dda fel yr arestiwyd Paul pan ymwelodd â'u dinas hwy (Actau 16:16-40) a dichon fod yr Apostol ei hun wedi adrodd wrthynt am y troeon eraill yr arestiwyd ef yng ngwasanaeth ei Arglwydd a'r Efengyl; gan ddwyn i gof hefyd ei fod yntau, fel Saul o Darsus - erlidiwr yr Eglwys Fore - wedi meddu'r hawl i arestio Cristnogion a'u llusgo'n ôl i Jerwsalem (Actau 9:2). Byddai hefyd wedi sôn am y daith ryfedd honno i Ddamascus â'r warant yn ei boced yn ei awdurdodi i chwilio am y rhai y tybiai ef oedd yn troseddu yn erbyn y grefydd Iddewig; ond yn lle ei fod ef yn arestio "pobl y Ffordd", cafodd yntau ei hun ei arestio gan y Crist ar y ffordd i Ddamascus!

Gan ei fod yn rhoi adlais o'r hanes yn Philipiaid 3:5-6, nid yw'n annhebygol mai sôn am Grist yn ei *arestio* a wna Paul yn 3:12 - ac mai felly y deallai pobl Philipi y cyfeiriad, hefyd. Os felly, y mae'r ddelwedd yn un gyfoethog i'n helpu i ddeall sut y gwelai Paul ei dröedigaeth ei hun.

Yn gyntaf, roedd Paul yn ystyried iddo gael ei ddal gan Grist.

Gan amlaf y mae'r sawl a arestir yn un y mae'r awdurdodau yn ei geisio. Mynd i chwilio ac arestio Cristnogion yn Namascus a wnâi Saul o Darsus ar ddiwrnod tyngedfennol ei dröedigaeth; ac os yw Paul yn dweud mai'r hyn a wnaeth y Crist oedd ei arestio ef, y mae'n awgrymu ei fod yn argyhoeddedig fod y Crist wedi bod yn ei geisio -

er na wyddai ef hynny ar y pryd.

Y mae *The Hound of Heaven* gan Francis Thompson yn ddisgrifiad o ddyn yn ceisio ffoi oddi wrth y Crist

From those strong Feet that followed, followed after.

Ond methiant fu ei ymgais yntau i osgoi cael ei ddal gan y Crist - ac onid dyna hanes pob Cristion?

Yn ail, roedd Paul yn ei weld ei hun fel carcharor i Grist.

Y mae'r sawl a arestir yn colli ei ryddid a'i awdurdod ar ei fywyd ei hun. Dyna fyddai wedi digwydd i Gristnogion Damascus pe bai Saul wedi cyrraedd yno a gweithredu'r warant yn ei boced. Byddai pawb a arestiwyd wedi cael ei lusgo'n ôl i Jerwsalem mewn cadwynau ac, o gofio beth a ddigwyddodd i eraill a ddaliwyd gan Saul (Actau 8:1-3), prin y gallai neb ddisgwyl dianc heb garchar.

Roedd Paul yn barod iawn i gydnabod ei fod yn "garcharor" i Grist. Yn wir, un o hoff ddisgrifiadau'r Apostol ohono'i hun yw ei fod yn "gaethwas" i'w Arglwydd. "Dyletswydd cyntaf pob enaid," meddai P.T.Forsyth, "yw dod o hyd nid i ryddid ond i'w feistr" - a dyna'n union a ddigwyddodd pan arestiodd y Crist Saul o Darsus ar y ffordd i Ddamascus.

Yn drydydd, roedd Paul yn sylweddoli ei fod yn atebol i Grist.

Dyn yn gorfod ateb drosto'i hun yw'r dyn sydd wedi ei arestio. Un a ddrwgdybir o droseddu a arestir gan amlaf, ac mae'n gorfod amddiffyn ei weithredoedd a chyfrif am ei ymddygiad. Diau fod hyd yn oed Saul wedi rhoi cyfle i'r bobl a gyhuddai i ateb drostynt eu hunain wrth iddo'u holi'n fanwl am eu cred.

Cofiwn mai cwestiwn cyntaf Crist i Saul o Darsus, wrth iddo ei alw i gyfrif am yr hyn a wnaeth, oedd, "Paham...?" A byth wedi hynny sylweddolodd Paul - a dysgodd i eraill - mai un sy'n gorfod rhoi cyfrif i'w Arglwydd am ei fywyd yw'r Cristion.

Y mae'r darlun o'r Crist yn arestio Saul yn un sy'n awgrymu llawer am yr hyn a ddigwyddodd i'r Apostol ar y ffordd i Ddamascus; ond yr eironi yw fod Saul o Darsus yn llawer mwy caeth na Phaul yr Apostol, a bod ei arestio gan Grist wedi ei ryddhau o gaethiwed llawer mwy gormesol na dim a brofodd fel caethwas i Grist.

Y CWAC! – SPERMOLOGOS

Gair a drethodd ddyfeisgarwch cyfieithwyr Cymraeg y Testament Newydd yw'r gair SPERMOLOGOS sy'n ymddangos unwaith yn Actau 17:18. Gwybodusion Athen a arferodd y Gair i ddisgrifio Paul pan ofynasant i'w gilydd:

> Pa beth sy ym-bryd y *siaradwr* (*dywedytgar, chw*[*y*]*delcwr*) hwn ei ddywedyt? (William Salesbury)
> Beth a fynn y *siaradwr* hwn ei ddywedyd? (William Morgan)
> Beth a fynnai y *baldorddwr* hwn ei ddywedyd? (*Oraclau Bywiol*)
> Beth a fyn y *clebryn* hwn ei dywedyd? (William Edwards)
> Beth a fynnai'r *chwiwleidr* yma ei ddywedyd? (*Cyfieithiad Prifysgol Cymru*)
> Beth yn y byd y mae'r *clebryn* yma yn mynnu ei ddweud? (*B.C.N.*)

Ystyr llythrennol y gair SPERMOLOGOS yw *casglwr neu bigwr hadau* ac fe arferwyd y gair am adar, megis y frân a'r gigfran, sy'n byw ar dameidiau (scraps) a ddisgynnodd i'r llawr. Yn ddiweddarach defnyddiwyd y gair am ddyn a fyddai'n loetran ger marchnad yn disgwyl codi'r pethau a roddasai'r masnachwyr heibio neu a gollwyd ganddynt – paraseit cymdeithasol, neu hyd yn oed chwiw leidr ("*pilferer*"). Arferodd Demosthenes y gair i wawdio gwrthwynebydd a gyhuddai o fod yn amddifad o allu creadigol a gwreiddioldeb ac yn llên leidr. Oherwydd hyn, awgrymodd yr Athro W. M. Ramsay fod y gair yn cael ei arfer yn gyffredin yn nhafodiaith Athen am ddyn a geisiai roi'r argraff ei fod yn ddysgedig er na wnâi mwy nag ailadrodd ac atgynhyrchu tameidiau o wybodaeth yr oedd wedi clywed gan eraill – heb eu gwerthfawrogi'n iawn, na'u deall o gwbl. "*Charlatan*", yn wir!

Ar sail hyn, gellid cyfieithu geiriau *intelligensia* uchel-ael yr Areopagus:

> Beth ar ddaear y mae'r *cwac* hwn yn ei ddweud yn awr!

Datguddia'r geiriau agwedd y gwybodusion tuag at yr Apostol. Ac o gofio fel y llesteiriwyd yr Arglwydd Iesu gan agwedd pobl Nasareth (Marc 6:1-6), nid yw'n syndod i'r bregeth fawr a draddododd Paul y dwthwn hwnnw yn Athen gael derbyniad claear a methu ag argyhoeddi llawer (Actau 17:32-34).

Y NATUR DDYNOL - SARKS

Yr enaid ni châr ronyn
A garo'r corff gorwag gwyn;
Ni fyn y corffyn, be caid,
Iddo a fynno f'enaid.

Lewis Glyn Cothi biau'r geiriau sy'n darlunio'r frwydr fawr rhwng yr hyn a alwai Paul yn "*gnawd* ac ysbryd": "Oherwydd y mae chwantau'r cnawd yn erbyn yr Ysbryd, a chwantau'r Ysbryd yn erbyn y cnawd" (Gal. 5:17 *B.C.N.*). O gofio am ddylanwad yr Apostol ar ddiwinyddiaeth Gristnogol, nid yw'n syndod, felly, fod tuedd o fewn i Gristnogaeth i ystyried y *cnawd* yn ddrwg tra bod y gair "cnawdol" yn gyfystyr â *drwg* a *drygioni*. Dyna pam y dywedodd Basil, "tad" mynachaeth Roegaidd yn y bedwaredd ganrif, "Dirmygwch y cnawd!" A daeth y ffordd fynachaidd o fyw yn boblogaidd gan Gristnogion. Yn wir, hyd heddiw y mae rhai yn ceisio marweiddio'r corff er mwyn diogelu ffyniant yr Ysbryd tra bod "pechodau'r cnawd" (sy'n gyfystyr â *phechodau rhywiol*, fel arfer) yn cael eu hystyried yn waeth na phechodau eraill.

SARKS yw'r gair Groeg am *gnawd* a dichon nad oes un gair arall yn yr Ysgrythurau a gamddeallwyd yn fwy nag ef. Fe'i gwelir gant a hanner o weithiau yn y Testament Newydd - dros 90 ohonynt yn yr Epistolau Paulaidd - a phan aeth cyfieithwyr y Beibl Cymraeg Newydd ati i'w drosi i Gymraeg cyfoes, cawsant na allent ddilyn William Morgan a bodloni ar gyfyngu eu hunain i ddyrnaid o eiriau Cymraeg. Fel yng nghyfieithiad 1588, *cnawd* yw'r dewis amlaf, tra ffefrir *cig* weithiau (mewn ymadrodd fel "SARKS a gwaed"); ond gwelir hefyd *corff, dyn, undyn byw, y ddynolryw, undyn meidrol, unrhyw ddyn, pobl, llinach*, ac ati, ar adegau eraill. Ar yr un pryd, y mae *B.C.N.* yn cyfieithu'r ymadrodd KATA SARKA (sef, yn llythrennol, "yn ôl y cnawd") gydag ymadroddion amrywiol sy'n adlewyrchu'r cyd-destun megis: *yn ôl safon y byd, safonau dynion, mewn ffordd ddynol, ar dir naturiol, fel dyn bydol, yn* [ein] *gwendid,* [Israel] *hanesyddol.*

Mae'r amrywiaeth a orfodwyd ar y cyfieithwyr cyfoes yn tanlinellu cyfoeth y gair ac yn rhybudd i'r darllenydd na ddylid uniaethu

SARKS â'r corff dynol ac â rhyw. Ystyr arferol y gair yn yr Efengylau ac yn yr Actau yw *person, dynoliaeth* a *dynolryw* - gan ddibynnu ar y cyd-destun i amlygu pa un o'r tri sy'n gweddu orau. Dau yn ymrwymo i fyw fel *un person* yw priodas (Mat. 19:6) - ac fel cymundeb llawn â *pherson* Crist y dylid deall y cyfeiriadau at SARKS yn Ioan 6:51-58. Gwisgo'r *natur ddynol* (*dynoliaeth*) a wnaeth yr Arglwydd Iesu pan ddaeth y Gair yn gnawd a phreswylio ymhlith dynion (Ioan 1:14); ac roedd ei ddyfodiad i'r byd yn gyfle i'r *ddynolryw* i weld iachawdwriaeth Duw (Luc 3:6).

Gwelir yr ystyron uchod yn nefnydd Paul o'r gair ar adegau hefyd, ond fel arfer ym meddwl yr Apostol

> Saif *cnawd* yn bennaf ... am ddyn yn ei sefyllfa wrth natur ar wahân â Christ. Dynoda y natur ddynol heb yr Ysbryd Dwyfol; sefyllfa y creadur cyn neu mewn cyferbyniaeth i'w dderbyniad o'r elfen Ddwyfol trwy yr hon y gwneir ef yn greadur newydd yng Nghrist; yr holl fywyd dynol heb ei ddwyn dan ddylanwad gras Duw. (William Edwards, *Cyfieithiad Newydd, III*, 1913)

Hynny yw, cynrychioli'r meidrol mewn person a wna'r gair *cnawd* pan yw Paul yn ei gyferbynnu â'r Ysbryd. [Er nad y gair SARKS a arferir yn 1 Corinthiaid 15:44, y mae trosiad *Yr Oraclau Bywiol* yn drawiadol: "Y mae corff *anifeiliol*, ac y mae corff ysbrydol".] Y mae'r *cnawd* yn feidrol-anifeiliol ac o'r herwydd ni fedr werthfawrogi'r hyn sy'n ysbrydol ac yn dragwyddol. Cynrychioli dwy lefel wahanol o fywyd, felly, a wna'r cnawd a'r enaid a dyna pam y gallai'r Apostol ddweud wrth aelodau'r eglwys yng Nghorinth:

> ... er ein bod yn byw yn y cnawd, nid ar wastad y cnawd yr ydym yn milwrio (2 Cor.10:3 *B.C.N.*).

Ac nid oedd amheuaeth yn ei feddwl fod Cristnogion yn byw

> nid ar wastad y cnawd, ond ar wastad yr Ysbryd. Oherwydd y sawl sydd â'u bodolaeth ar wastad y cnawd, ar bethau'r cnawd y mae eu bryd; ond y sawl sydd ar wastad yr Ysbryd, ar bethau'r Ysbryd y mae eu bryd (Rhuf. 8:4-5 *B.C.N.*).

Wrth gwrs, os mai "ar wastad y cnawd" y mae person yn byw - h.y. heb Dduw a heb Grist - y mae'n dilyn y bydd pechod yn fwy amlwg yn ei fywyd nac yw ym mywyd y person sy'n byw "ar wastad yr Ysbryd". Yn y cyswllt hwn y mae modd galw'r cnawd yn "gnawd pechadurus" (Rhuf. 8:3) a gellir galw pechodau yn "fudreddi'r cnawd"

(1 Pedr 3:18), ac ati (cymh. 2 Pedr 2:18). Er hynny, hyd yn oed yn yr enghreifftiau hyn a'u tebyg, dylid osgoi uniaethu *cnawd* â'r *corff dynol* a chredu fod y Testament Newydd yn dweud fod y corff yn ddrwg. Creadigaeth Duw yw'r *cnawd* â'r *corff*. Fe'u rhoes i ddyn yn ddefnydd-crai bywyd:

> The flesh is the common stuff of human nature which we inherit. Paul ... does not think of it as necessarily evil but as powerless for moral ends (C. H. Dodd).

Ac meddai T. Glyn Thomas:

> Try'r greddfau a'r nwydau a'r dyheadau, sy'n ddeunydd-crai pechod pan fyddwn yn byw yn ein nerth ein hunain, yn ddeunydd-crai sancteiddrwydd pan ddeuwn o dan arglwyddiaeth y Crist (*Ar Ddechrau'r Dydd*, t.61).

Diau mai pechod a orchfygai pe adewid y cnawd i'w ddyfeisgarwch ei hunan, ond gyda chymorth yr Ysbryd Glân y mae posibilrwydd ei droi yn deml i'r Duw byw (1 Cor. 6:16).